命の道を行く

鄭明析氏の歩んだ道

秋本彩乃

Parade Books

まえがきに代えて

本書を手に取ってくださり、ありがとうございます。

この本は、キリスト教福音宣教会（通称「摂理」）の協力を得て、各種資料を集めて作成いたしました。

キリスト教福音宣教会に関しては、スキャンダラスな報道などの影響もあいまって、良くないイメージが独り歩きしているように思います。中には偏向的な内容も多くあり宣教会を知る者として、心を痛めておりました。そこで、正しい理解を得るために、何らかの情報発信をしてみようと思い立ち、本書を作成するに至りました。

本書はキリスト教福音宣教会の創設者である鄭明析（チョン・ミョンソク）牧師

に焦点を当てて記述されています。まずは創設者がどのような人生を今日《こんにち》まで歩んできたのか、その人となりや道のりを紹介することから、第一歩を踏み出そうと考えたからです。

つたない部分もあろうかと思いますが、本書がキリスト教福音宣教会とその活動、また創設者である鄭明析牧師についての理解を深める一助となることを願ってやみません。

二〇一九年　三月

秋本彩乃

目次

第一章　鄭明析氏の出生

日本の隣国、韓国の首都ソウルから直線距離にして約百六十キロの南方に、高麗人参の有名な産地、クムサン（錦山）がある。そのクムサンから車で四十分ほど行くと、ソンマンニ（石幕里）という片田舎の小さな村があり、そこからさらに山を登っていったところに、かつて「タルバッコル（月が明るい山間の意）」と呼ばれた地域がある。人里離れた山奥に、家がたった四軒しかない小さな里だった。

この地域に電気が通ったのは一九七八年になってからで、月のない夜は漆黒《しっこく》のように暗かったが、月が照る夜にはひときわ明るかった。それがタルバッコルと呼ばれるようになった由来だ。西には岩壁が屏風《びょうぶ》のように連なる大芚山《テドゥンサン》を臨み、東には印大山《インデサン》がそびえている。見晴らしのよい所まで登って周囲を見渡すと、山々が幾重《いくえ》にも連なって延々《えんえん》と続いて見える。

一九四五年三月十六日。後にキリスト教福音宣教会の創設者となる鄭明析（チョン・ミョンソク）氏は、そんな集落の一角にたたずむ、築百五十年の、今にも潰《つぶ》れそうな藁葺《わらぶ》き屋根の家で生まれた。父親は農民でもあり鉱員でもあったチョン・パルソン、母親はファン・ギルレ、鄭明析氏は七人兄弟の三番目だ。

母親がキムチを作ろうと台所で白菜に塩を擦り込んでいた時に、陣痛が始まったという。父親は急いで母方の祖母を呼び、無事に赤子は取り上げられた。明け方の四時。夜明けを告げる鶏《にわとり》の鳴き声と共に、生まれたばかりの赤子の産声《うぶごえ》が勢いよく響きわたった。

当時の韓国（朝鮮）はまだ日本占領下にあったが、新しい命が誕生した年の八月に、国が日本による支配から独立するという記念すべき日を迎えることになる。

ところがこの赤子は、その日を待たずに命を落としかねない危機を迎える。生まれてひと月もたたないうちに、病に襲われたのだ。細菌感染によって皮膚が化膿《かのう》し炎症を起こす病気だった。敗戦直前の日本に支配されていた韓国の窮状は著《いちじる》しく、さらに田舎の山奥のこと、貧困は極まり、ろくな診療を受けられるはずもない。大人の体力も維持できないのに、生まれて間もない赤子の体が、病に勝てるはずもない。全身は痛々しいほど腫《は》れあがった。

父パルソンは、離れた里の医師の家を何軒も訪ねて診察を仰《あお》いだが、どこに行っても「治る見込みはない」と言われてしまった。諦《あきら》めきれない母ギルレは、「猫の皮をかぶせておくと治る」という話をどこからか聞いてきて、藁にもすがる思いで猫の皮を剥《は》ぎ、赤ん坊の体に巻きつけた。一度で効果がないので、何度かくり返してみたが、治る気配はまったくなかった。

必死の看病もむなしく、赤子はすっかり弱り果て、死を待つばかりに思えた。それ以上打つ手もなく、困った母親は、当時の人々に万能薬のように思われていた薬を二回飲ませたが、これもまた、まったく効果を発揮しなかった。

ある日の夕刻、赤子は息をしていなかった。「ああ、死んでしまったんだ」。母は子を白い布でくるむと、腐敗が進まないように、冷たい部屋の片隅に置いた。「夜みんなが寝たあと、あの子をかめに入れて運び、埋めてあげよう」。そう考えて、あまり人目につかない、埋めるに適当と思われる場所を探しておいた。

夜になり皆が寝静まったころ、赤子を埋めに行こうとした。「これが最後だから、死んだわが子の顔をもう一目だけ見よう」と、顔までかぶせてあった白い布をめくり、油皿の灯火に照らして覗《のぞ》き込む。ところが赤子の目は開いており、目をぱちくりさせて見ているではないか！　母親は仰天《ぎょうてん》した。「今だけ目を開けたのか？」と感激しながら見ていると、その子の目が「私は死にません」と訴えているようだった。赤子を抱きしめ、部屋の暖かい場所に置いた。「もしかして、また死んでしまうかもしれない」と思って、夜が明けるまで寝ないで見守った。様子を見ていると、「この子は助かりそうだ」という気がした。

夜が明けると、実家から来ていた祖母（ギルレの母）が、「子供を埋めてきたか」と聞いてきた。「生き返りました！」と答えると、祖母は「生命力があるね！　でも死んで生き返ったわけだから、よく見ていなさい」と言った。

そこでギルレは、ご飯を炊く間も、赤子の様子を見守った。赤子は手をばたつかせ、はっきりした表情で笑っていた。その後、上半身から腫れがひいていき、徐々に足の方までひくと、最終的にはつま先だけになって、三日後には全身の腫れがひいた。赤子は一命を取りとめて、それからは健康に育っていった。一度死んで生き返ったことから、無病長寿を願い「命（ミョン）」という字を使って「ミョンソク」と名づけようとしたが、将来を考えて音が同じ「明（ミョン）」という字にしたという[*1]。

当時、集落に住む人の中で、教会に通う者は一人もいなかった。父も母も教会に通ったことがなかったが、鄭少年は六歳[*2]になったころから、神様を呼び求めるようになったという。子供たち同士の遊びの中で強くぶつかられたりすると、「神様、助けて！」と呼んだりした。母親はわが子がそう言うのを聞いて驚き、「この子は教会に行ったことも、十字架の近くに寄ったことさえないのに、どうしてこんなふ

＊1　韓国語では「命」と「明」は同じく「ミョン」と発音される。
＊2　韓国は年齢を数え年で数えることから、本書に出てくる年齢はすべて数え年。数えで六歳は、満四～五歳。

うに神様を呼ぶのだろう」と、不思議に思ったそうだ。

その後、村に伝道師がやってきて古い空き家で聖書を教え始めると、まず二人の兄が通い始め、鄭氏も九歳[*3]の時から通い始めた。讃美歌を歌い、祈りを捧げ、聖書も読み始めた。大人も難しがってあまり読みたがらない聖書だが、まだ九歳の少年が、夢中になって読んでいた。

「天国では、おいしいものがたくさん食べられるのかな？」

毎日おなかを空かせていた少年にとって、貧困や苦痛と無縁の天国は夢のような場所に思えた。「そんな所があるのなら、何としても行きたい！　でも、どうしたら行けるのかな？」

それは小さな胸に宿った、信仰の萌芽《ほうが》でもあった。

＊3　満七～八歳。

1963年に撮影された家族写真　後列一番右が鄭明析氏

鄭氏が生まれた築150年の家を描いた絵　土壁と藁葺き屋根の家

鄭氏が生まれた家の周辺の様子を描いた絵

第二章　貧しさの中で

鄭少年が神様を求めるようになった背景には、「常に飢餓《きが》状態にあった」という幼いころの境遇があった。

鄭氏が生まれた一九四五年の韓国では、日本による実質的な統治が四十年ほど続いており、統治する側の日本でさえ、大戦で首都圏は焦土と化し、飢餓に苦しんでいた。ましてや朝鮮半島の、それも農村部での貧困が厳しかったことは、想像に難《かた》くない。そのうえ、終戦から間もない一九五〇年には朝鮮戦争が勃発し、四百万人もの死者を出した。鄭氏が過ごした少年時代は、生きて成長すること自体が難しい、そんな時代だった。

三男として生まれた鄭氏には、兄が二人、妹が一人、弟が三人いる。九人家族が暮らしていた藁葺き屋根の旧家には、一辺が八尺（約二・四メートル*4）ほどの小さな部屋が二つあるだけだった。一部屋は両親が使っていたので、もう一部屋を兄弟七人で一緒に使っていた。鄭氏の八歳年下の弟、ポンソク氏はその時のことを、「折り重なるように寝ていた」と回想する。

狭いだけではなかった。築百五十年以上経った藁葺き屋根の家は、あちこちがひどく腐っており、雨が降ると雨漏《あまも》りがした。雨水を受ける器を置いても、すぐに一杯になった。雨水で部屋が濡れてしまうことも多く、家族総出で床を拭いた。

風が強い日には、屋根が飛ばされたり土壁が崩《くず》れたりして、家が崩れるかと恐怖を感じ、寝るに寝られなかったという。今にも崩れそうな家に風雨は容赦なく吹きつけ、ざあざあという雨音を聞きながら、子供たちは震えていた。

そんな日にはよく、家から少し歩いた所にある岩陰に身を寄せたそうだ。鄭氏は後に少年時代について語った談話の中で、「私が『恐竜岩』と呼んでいたその岩に

＊4　韓国語の「척」を「尺」と訳し、一尺は約三十センチで計算。

は、人一人がちょうど入れるぐらいの窪《くぼ》みがあって、そこに入っていれば雨漏りもないし、風が吹いても倒れる心配がなくて安心できた」と回想している。

暑い季節は、蚊の大群に刺され、ノミやシラミ、南京虫《なんきんむし》に襲われた。近年の日本ではあまり見られないこの虫は、夜行性で、普段は明るい場所を嫌って壁の隙間などに潜《ひそ》んでいるが、人が寝静まったころになると動きだして、体中を刺すのだった。鄭氏の十五歳年下の末弟、ヨンソク氏は「昼間働いて、疲れて夜寝ようとすると、ノミや南京虫が何匹も出てきて噛《か》みつくので、それを捕まえようとして夜を明かすことが頻繁《ひんぱん》にあった」と述懐《じゅっかい》する。


飢餓の苦痛は想像を絶した。

鄭少年は、少しでも口にできるものを求めて野山を歩き回った。ヨモギが生える季節はヨモギを採《と》り、鍋《なべ》に入れて、母親がわずかな米と共に、おもゆのようなヨモギ粥《がゆ》を作った。一杯ずつ食べても、育ちざかりの子供たちが空腹を満たすには、とても足りない。しかし子供たちの中で誰かが少し多く食べてしまったら、母親が食べる分がない。子供たちは空腹に気が遠くなりながら、鍋の底をじっと見つめて我慢するのだった。

ある年はヨモギを採りつくし、根っこまで掘って食べた。ところが根を食べてしまったために、翌年からヨモギが生えてこなかった。仕方なく、山に行って木の皮を剥いで食べた。葛《くず》の根を掘って食べたりもした。鄭氏の回想録によると、葛の根は裂いてから干して食べるのだが、食べた後は歯がブタのように黄色くなったので、「兄弟がお互いブタみたいだと言いあって、ケラケラ笑った」という。口にできそうなものは何でも、片《かた》っ端《ぱし》から食べた。

鄭氏の六歳下の弟、キュソク氏によると「食べられる物がなくて体が腫れあがり、家族全員が倒れて立てないこともあった」という。鄭氏も、「あまりに飢えて、おなかばかりがオタマジャクシのように出っ張って、目も飛び出ていた。肉という肉はこそげ落ち、太ももは割りばしのようで、胸はスズメのようだった」と、当時の窮状《きゅうじょう》を語っている。

栄養失調の状態が長期に及ぶと、血液の循環が悪くなって体がむくむのだそうだ。

目も腫れてよく見えなくなる。その段階に至ると餓死する危険性が高くなるが、そんな状態が長く続いた。

親の労苦も並大抵ではない。父パルソンは、「鉱山で金を掘れば、一家が生き延びられるかもしれない」と考え、出稼ぎに出た。しかし出稼ぎに出たところで、すぐに給料が支払われるわけではない。母ギルレは夫のいない間、子供たちを何とか食べさせようと必死だった。

あの手この手を尽くして奔走《ほんそう》したが、七人の子供たちを食べさせるのは至難《しなん》の業《わざ》だった。「もう無理だ」。限界だった。「いっそ一緒に死のう。生きて苦労させるよりましじゃないか」、そう思った。そんなことを考えて歩いていると、貯水池が目に入り、絶望して飛び込んだ。

服が水を吸って重くなり、手足がうまく動かない。その時「死ぬぐらいの覚悟があるのなら、死ぬ気で生きよう！」という考えが浮かんだ。力を振り絞って、なんとか水から上がろうと手足をばたつかせた。気がつくと、どうやったのか、貯水池から上がっていた。家に帰ると、子供たちは安らかな寝顔で眠っていた。

パルソンは出稼ぎ先の鉱山で、人を集めて採掘現場で働かせる斡旋《あっせん》業者の、現場責任者だった。なかなか賃金が支払われなくて、労働者たちが寝泊まりする宿に宿泊費が払えず、何カ月も待ってもらっていた。気まずさに堪《た》え兼ねて、ある日逃げるように家路《いえじ》についた。家では家族がおなかを空かせているに違いなかったが、それでも気兼ねなく過ごせる分、我が家の方がましに思えた。

しかし久しぶりに帰ってきた夫を出迎えるなり、ギルレは「お帰りなさい」も言わず、「お父さん、お金は？　子供たちが飢えて、顔も膨《ふく》れてる。このままではみんな死んでしまう」と言った。

ギルレの後ろには、薄暗い部屋の中、全身腫れあがった子供たちの姿が見えた。ある子はうずくまり、ある子は横になっていた。本来なら元気一杯、野山をかけ回っている年ごろなのに、身じろぎする力もないというのか。

「子供たちをろくに食べさせてやることもできない、こんな自分が父親と言えるのか」。そんな自分の不甲斐《ふがい》なさに腹が立ち、つい苛立《いらだ》って叫んでしまった。

「死んだら、まとめて埋めちまうからな！」

一瞬の静寂《せいじゃく》があった後、ギルレは夫につめ寄ると、胸ぐらを掴《つか》んで揺さぶった。普段は逆らったりしない妻が、その時ばかりは恐ろしい形相《ぎょうそう》で睨《にら》みつけた。

「それなら私から殺せ！」。その場に泣き崩れる妻にかける言葉も見つからず、そのまま家を出て、鉱山へと戻っていったという。

第三章　人生の問題

一九五八年、鄭氏は国民学校（小学校）を卒業した。長兄と次兄は中学に進学したが、家計の問題で鄭氏は中学に進学できなかった。友人の多くが中学校に通う中、鄭氏は家を手伝って畑仕事をし、山で薪《たきぎ》を集めた。

水をひき、土を耕《たがや》し、作物の手入れをし、牛の面倒を見、薪を集め、草を刈る。それはもう仕事は山ほどあったが、海抜四百メートルの高地にあって山が重なり合う深い山奥だったから、起伏《きふく》の激しい山道を一日に何往復もしなければならなかった。それも薪や農具など、重い荷物をたっぷり背負ってのことだ。

当時はすべてが手作業だから、体にかかる負荷も相当に大きかった。長時間かがんだ姿勢で働かなければならないし、安定しない重い背負子《しょいこ》や荷物を背負って山道を歩くから、背中や足の骨はすっかり曲がってしまう。

小学校を卒業したばかりの小さな少年が、痩《や》せた土地を耕して一日中働いたが、口にできるものはせいぜいニンニクひとかけらと、一口の麦飯に唐辛子味噌少々がやっとで、それでもあればましな方だった。

鄭氏の家は農作に良い土地を所有しておらず、家から離れた雑草だらけの土地を耕して、「あっちに少し、こっちに少しという感じで穀物を植えている状態だった」という。

「他の子たちは学校に行けるし、ごはんも食べられるのに、どうして自分だけこんな苦労をするのだろう」

山道を歩きながら、鄭少年はそんなことを考えた。「最初から素晴らしい都会に生まれる人もいて、ヘビだって出ないし、トゲがある雑草も茂っていないところで、食べ物もたくさんあって、好きなものを買って食べられる人もいるのに、なんで僕はこの山奥から出られないのだろう」。そんなことを考えるうちに「人間はどうして生まれるのか」、「なぜ生きているのか」という、人生の根源的な問いにぶつかった。しかし、教えてくれる人は誰もいなかった。

時には「故郷を離れなければだめだ」と考えたこともあった。日雇いの肉体労働でもして電灯のつく都市部で生活できるなら、今よりはましな気がした。兄弟たちは一人また一人と故郷を捨てて出ていったが、鄭氏はまるでこの地に縛られでもしているかのように、故郷から出られなかった。

そんな鄭少年の心の支えとなったのが、イエス・キリストの教えだった。聖書を読み、讃美歌を歌い、祈りを捧げることで、生活の苦しみが和《やわ》らぐような気がした。特に鄭少年の胸を躍《おど》らせたのは、神様のいらっしゃる世界、天国があるという話だった。聖書を毎日手に取って、イエス・キリストが天国について語った聖句をむさぼるように読んだ。そうするうちに、いつしか鄭少年の願いは、自分を救ってくれるイエス・キリストに会うことになっていた。イエスが再び来たら地上に天国が成されると、聖書に書いてあったからだ。

「世の中には優秀な人たちがたくさんいるのに、僕なんかがイエス様の目に留《と》まるだろうか？　信仰で一番になりたいけど、学校でたくさん勉強した人たちが一番になるんだろうな。でもビリでもいいから、頑張って必ずイエス様に会いたい！」

そう夢見る一途《いちず》な少年は、イエスがどのように来るのか知るために聖書をくり返し読み、イエスの目に留まろうと、聖書の教えを徹底的に守っていった。

聖書に「キリストが来たら火で裁く」と書いてあったので、火事があるとキリストが来たのかと思って、現場にかけつけた。しかしその残酷な光景にショックを受けて、「キリストが本当にこんなむごいことをするというのか？」と疑問に思った。

また聖書に「キリストは雲に乗って来る」と書いてあるので、空の雲を見上げながら、イエス・キリストが来るのを今か今かと待っていた。

「イエス様が天から雲に乗って来られたら、きっと高い場所に着陸するだろう」と考えて、家の近くの見晴らしのよい山の、頂上あたりの地面を平らにならして、見ていない時に来ても足跡《あしあと》が残って分かるかもしれないと、何度も確認に出かけた。ある日は足跡があったので、大興奮で跡を追ってみると、村のおじさんだったので、たいそうがっかりした。不思議な形をした雲を見かけると、「あの雲に乗ってイエス様がいらっしゃるかも！」と思って、しばらく立ち止まって眺めた。

聖書を読めば読むほど疑問は増えたが、イエスに会いたいというその信仰が、鄭少年に聖書を実践させ、磨き、成長させていった。

弟ポンソク氏は、三番目の兄であった鄭氏が小学生の時、当時貴重だった粉ミルクを弟たちのために学校から持ち帰ってきた時の裏話を、母親から聞いた。
「朝鮮戦争が終わったばかりで食糧が不足し、粉ミルクは外国から韓国の子供たちのために支援された物資で、非常に貴重なものだった。ある日兄が、学校から粉ミルクをいくらか持ち帰ってきた。学校の先生がくれたというので、母が教師に会った時にお礼を言うと、『お礼なら息子さんに。大変よい息子さんをお持ちだ』と言われたそうだ。わけを聞いてみると、小学校で児童に支給された粉ミルクを、食べ盛りのはずの兄が飲まないのでどうしたのかと尋《たず》ねると、『弟に持って帰る』と言ったのだそうだ。『一度水で溶《と》いたものを持ち帰ることはできないよ』と飲むように言っても飲まないので、『弟の分は別にあげるから』と言い聞かせて飲ませたということだった」

その粉ミルクは、鄭少年の言葉に心を動かされた担任の先生が、持たせてくれたものだった。

「食べる物がなくていつも腹を空かせていた小学生の子供が、普通弟のためだからといって、目の前に出された貴重な食糧を食べずに我慢できるものだろうか。兄は、『下着を求められたら、上着までも与えなさい』というイエス・キリストの教えをそのまま守って、そういう生き方をしていた」と述懐する。

また末弟のヨンソク氏によると、鄭氏は教会学校*5で小さな子供たちを教える教師をしていて、兄である鄭氏におぶってもらって教会に通ったという。八歳下のポンソク氏をおぶって通い、その次は十五歳下のヨンソク氏をおぶって通ったそうだ。「クリスマスには、ラクダや三人の博士が動くような仕掛けを作って劇を見せてく

*5　キリスト教会で子供たちを対象に行われる礼拝、勉強会、ゲーム、イベントなど、楽しみながら聖書に触れられる集いのこと。

れて、とても不思議で面白かった。教会学校の子供たちを楽しませるために、いつもいろんなものを作って、工夫《くふう》をして教えてくれた」

また、学校の勉強をしないと、兄である鄭氏に叱られたそうだが、「でも叱った後は、もっと優しくしてくれた。愛情深くすべてのことを教えてくれた、父親のような存在だった」とヨンソク氏は語る。

鄭氏は聖書についての疑問を教会の牧師に尋ねたり、時には二十キロも歩いて有名なリバイバル講師[*6]に質問したりしたが、「そんなことを疑問に思うのは、信仰が足りないからだ」と言われるのが関の山だった。仕方がないので、「もっと聖書を読んで、祈ってイエス様に聞いてみよう」と考えた。

＊6　キリスト教の福音伝道や信仰強化のために開かれる伝道大会や大規模行事などを「リバイバル大会」と言い、そこに説教者として招かれる著名な牧師は「リバイバル講師」と呼ばれる。教派を超えて開催されることもある。

朝起きてから夜寝るまで、畑仕事にも聖書を持ち歩き、肥《こえ》を運ぶ桶《おけ》をかつぎながらも読み、落として糞尿《ふんにょう》がついても、洗ってまた読んだ。牛に畑を耕させている時には、破った聖書のページを牛のおしりに貼りつけて読んだりもした。歩きながら、食べながら、働きながら、それこそ憑《と》りつかれたように読んだ。日が暮れると、今度は山や洞窟《どうくつ》に行き、月明かりで読み、ろうそくの明かりで読んで、ひたすら祈りでイエスに語りかけ、疑問や心にある思いを打ち明けるのだった。

「こんなことしていて、いいのか？」

自分でもやりすぎだと思うことがあった。いつ現れるのかも分からないイエスの姿を追い求め、聖書にかじりついて離れない様子に、村人からは「度の過ぎた信仰生活」と言われ、親にも理解されなかった。人の顔色をうかがいながら、山や洞窟で過ごすことにも苦痛を感じた。

「そもそも、神様が来ると約束しておきながら、なぜ人間のイエス様が代わりに来たのだろう？」

増えるばかりの疑問に腹が立ち、徒労感《とろうかん》が募《つの》って、鄭少年はついに聖書を埋めてしまう。「もう度が過ぎるほど信仰に溺《おぼ》れて、ばかみたいに生きるのはやめよう。二度と聖書は読むまい。勉強して生きる道を探そう」と思い、聖書の代わりに他のたくさんの本を手に持って、いつもの洞窟に向かった。学校に通えないなら、本で独学しようと思ったのだ。畑仕事にも精《せい》を出した。信仰は人並《ひとな》みにして仕事を頑張ることで、生活苦から抜け出そうと考えた。

そんなある日、いつもどおり荷を背負って山道を歩く鄭少年は、アリの行列に出くわした。

アリたちは、自分の体よりも大きな獲物《えもの》を必死に巣まで運んでいた。「大きな荷物を運んで、君たちも僕と同じだな」。アリに自分の姿を重ねた少年は、草むらから虫一匹を見つけ、アリたちにやろうとした。「これでおなかいっぱい食べるといい」。ところがアリの群れは、突然出現した巨大な虫に驚いて、逃げ惑《まど》った。

「これぐらいあれば、丸一日は食べられるだろうに……」。逃げるアリたちに、投げた虫が恵みの食物だと、どうしたら認識してもらえるだろうかと考えを巡《めぐ》らせていると、頭の中に声が響いた。

「じゃあ、アリと話をしてみればいい」

「僕は人間なのに、どうやってアリと話せるのですか?」と思わず声に反応したが、

「あなたがアリになればいい」とその声は続いた。その時、脳裏にあの疑問が浮かんだ。「そうか! アリと話すには、アリにならなければ言葉が通じない。それと同じで神様が人間と話そうとしたら、人間でなければ通じないんだ! だから神様は直接現れないで、イエス様をお遣《つか》わしになったのか!」

鄭少年はすぐさま聖書を埋めた場所まで走っていくと、土の中から掘り出した。これからもどれほど多くの謎と向き合わなければならないのか、どれほどの祈りと実践が必要なのか、気が遠くなるような思いがすべて消えたわけではなかったが、少なくともその時だけは、一つ開いた扉のその先が見たくてたまらなかった。

小学校の頃

築150年の藁葺き屋根の家を壊して建てた家　撮影年不詳

第四章　青春を捧げて

鄭氏はちょうど中高生ぐらいの年ごろを、修道生活に費《つい》やしていた。

タルバッコルの下方、ソンマンニ（石幕里）という村の住民イ・ポング氏は、「寝ても覚めても、いつも聖書を手放さなかった」と、鄭氏の姿をよく覚えているという。鄭氏の家族と親交のあった、テジョン（大田）[*7]に住むかつての鉱山経営者も、「当時、降雪により仕事が中断してしまい、一週間ぶりに洞窟の近くを通ったことがあった。そこで、洞窟に入った足跡はないのに、出てきた足跡だけが雪上にあるのを見た。不思議に思って近隣の人に尋ねてみると、『ミョンソク（鄭氏）がこもって祈っていたが、やっと出てきた』と言う。『まさか、雪が降る前から洞

＊7　韓国のほぼ中央（ソウルとプサン（釜山）の中間地点）に位置する市。鄭氏の故郷から車で1時間ほどの距離にある。

窟に入っていたというのか？』と自分の目を疑った」と当時を振り返る。

　時代や環境的な背景は異なるものの、今の十代なら恋愛や趣味などに熱中しているような年ごろだ。そんな年ごろの少年が山に入《い》り浸《びた》り、洞窟の中で昼夜の別なく祈って聖書に読みふける。村人たちの目に常軌《じょうき》を逸《いっ》しているように映ったのも無理のないことだった。村人たちは、「神様を信じるにしても、やり過ぎじゃないのか」、「どうして親と畑仕事に出ないで、浮き草のように暮らしているのか」、「この季節に畑仕事をしないなんて、どうかしている」などと噂した。

　ただ実際は、村で噂されるように「仕事に出ないで」ということではなかったようだ。末弟のヨンソク氏は、父親から聞いたこんなエピソードを語っている。

「ある日、豆の収穫時に兄が教会に行ってしまったので、父がひどく怒った。腹を立てながら畑に行くと、豆は誰かに取られてしまって何も残っていなかった。泥棒にやられたと思い、父はたいそう驚いた。しかし実際は、兄と教会の若者たちが、日曜に教会の礼拝に行くために、前夜にすべて収穫を終わらせておいたのだった。父は感心していた。そういうことが積み重なって、最初は反対していた父も、やがて教会に通うようになった」

ある日、鄭少年が深く祈っていると、「すべての人を救うために残酷な十字架にまでかかって、どんなに痛かっただろうか」と、自らを犠牲に人々を救ったキリストの愛が胸をえぐるほど感じられて、胸が詰《つ》まり、涙が止めどなくあふれた。「私もそのような精神と友愛の心で、キリストの体となって生きよう」と決心した。「イエス様、私がイエス様の涙を拭《ぬぐ》ってさしあげます。人々が暗闇に行かないように、イエス様の御言葉《みことば》と愛を伝えます。私には学《がく》もないし、何もないですが、イエス様を愛する心だけは誰にも負けません！　心と思いと命を尽くして伝えますから、共にしてください！」と、心から祈った。

鄭氏が描いた一枚の絵がある。描かれているのは人の姿に見える松の木で、膝《ひざ》を折り、両手を合わせて祈っている。足先は硬い岩に張りつき、根が岩を突き破って、奥深くまで張っている。絵

鄭氏の絵「祈りは愛」

のタイトルは「祈りは愛」。松の木は、人の手が届かない高い山の岩の上にも生息する。種が岩に落ちると、長い歳月をかけて少しずつ根を張っていき、天から降り注ぐ雨で生きていく。旧約聖書に登場するダビデ王は、神様を「わが岩」と呼んだ。絵の中の松が長い歳月をかけて岩に根を張ったように、鄭氏の人生もまた、「祈り」によって神様に根を張っていったのだろう。

若き日の修道の日々について書かれた、鄭氏の手記がある。ここに一部を抜粋《ばっすい》して紹介する。

〜鄭氏の回想録「私だけが歩んできた道」から〜

床は冷えて、あごがガクガク震えてくる。もう夜明けの三時だ。戸を開けて出ていくと、身を刺すような強烈な寒さが身にこたえる、真冬の明け方だった。私が起き上がって最初に行くべき所は、冷水浴場を兼ねた、庭の片隅にある井戸だ。

この日はことのほか寒く、体に冷水をかけるのが嫌だった。しかし、体を洗わずに真心を捧げるのは、どうもすっきりしない。浅い井戸はカチカチに凍ってしまった。足で踏んで割ろうとしたが、割ることができなかった。かなり厚く凍りついていて、金槌《かなづち》を持ってきて割ってみたら、手の厚さほども凍っていた。やっと手桶が入るくらいの穴が開いた。まだ服も脱いでいないのに、もう体に薄氷が張っているかのように感じられた。歯を食いしばって服を脱ぎ、割れた氷が混ざっている冷たい水を、勢いよく体にかけた。体が震えてくる。しかし形式的にするのは嫌だった。石鹸《せっけん》をつけて洗い、石鹸がきれいに落ちるまで、何度も水をかけた。

今日はなぜか体が抵抗する。寒いことより、冷水を浴びることに嫌気がさして、苦しかったようだ。いや、耐え難《がた》かったようだ。その抵抗の声はこう言った。「ここまでしなければ、神様が祈りと真心を受け入れてくださらないとでも言うのか。ここまでする必要があるのか。一日、二日でもなく、一年、三百六十五日も。しかも春や夏でもない、こんな冬の極寒《ごっかん》の日に。本当につらい。ここまでしなければならないのだろうか」

私の体が悲鳴を上げ、放棄したがっていた。これ以上はもうできないと語っていた。霊魂《れいこん》を生かすためとはいえ、体をここまで虐《しいた》げる必要があるのだろうか。自暴自棄《じぼうじき》になり、自信を失ってしまった。私は裸のまま、ヒューヒュー吹きつける夜明けの風に吹かれ、凍《い》てついた井戸の隣に、みじめに座り込んでいた。魂《たましい》が抜けた抜けがらのように、ただそうしてしゃがみ込んでいた。

「私だけが罪を犯したとでも言うのか。なぜ私だけがここまでしなければならないのか」

この時、天から霊感で伝わる声があった。

「あなたの体を、神様に喜ばれる、生きた、聖なる供え物として捧げなさい。それがあなたのなすべき霊的な礼拝である」（新約聖書 ローマ人への手紙十二章一節）

すると神様から力をもらったのか、パッと立ち上がり、氷の塊がジャリジャリ混じった冷水を、何度も頭からかぶった。「神様に捧げるのだから、心だけでなく、体も清めてきれいにしなければ」。どこからともなく力が湧いてきて、「明朝は垢《あか》まで擦《こす》るぞ」という気持ちになっていた。そうして明け方の祈りを捧げ始めた。自分のこと、家族のこと、民族のこと、世界のこと、世界中の人々のことを思い、むせび泣いて祈った。

◇　◇　◇

ある日、タリコル*8の洞窟で祈っていると、母がやってきた。母は、私が長い間家に帰ってこないから、雪が積もる冬にどこかで死んでいるのではないかと心配していた。大芼山*9まで行ってみることはできないので、もしかして洞窟にいるかもしれないと思って、お湯を入れたやかんとご飯を持って来てみたのだった。

＊8　その辺りは、タレ（サルナシの実）がなる山道という意味の「タリコル」という呼び名がついていた。

＊9　鄭氏の住むタルバッコルから北西に四キロ行ったところにある、標高は八百七十八メートルほどの山。むき出しになった岩肌の奇岩絶壁が神秘的な景観を生み出している。

祈っている時に洞窟の外から誰かが私を呼ぶ声がしたので、驚いて耳をそばだてると、母の声だった。

「祈りの途中だから、入ってこないでください」

「食べる物を持ってきたから、食べてから祈りなさい」

「食べないから、持ち帰ってください」

それでも母は入ってきた。洞窟の入り口が今にも崩れそうで危なかったので、母を止めようとして石を投げた。しかし母は、私が生きていたと喜んで、洞窟の下まで降りてきた。

「ご飯は食べないで、水だけ飲みます。今は断食中だから、食べたら最初からやり直しになってしまいます」

七週間も何も食べていないから、急に何か食べたらショックを起こすかもしれないと母に言い聞かせて、ご飯は持ちかえってもらい、やかんのお湯だけ受け取った。

「家に帰ってきて祈りなさい。冬で農作業もないから、お父さんと兄弟たちの目を気にしないでできるから」

母はそう言ってくれたが、それでも、家では何時間も祈るとか、一日中祈ることなどできないので、ここがいいと伝えた。ここにいることを兄弟や父が知ったら連れ戻そうとするだろうし、そうなったら、あの寒い大芼山まで行くことになるから、誰にも言わないでほしいと頼んだ。母はそうすると約束してくれた。

「空腹で死にそうになったら、夜こっそりとご飯を食べに帰りますから、心配しないで、家に戻ってください」と話した。あのころは母もまだ若かった。

水を一口飲んだら空腹が刺激されて祈れないかと思い、やかんを外に置いておいた。

長い祈りの期間が終わり、水を飲もうと見てみたら、凍りついていた。割ることもできないので、そのまま家に持ち帰った。母がそれを見て、水も飲まなかったのかと言った。自分で考えてみても恐ろしいほど、天の前に条件を立てた。

このように、大芚山やカンナム山[*10]で祈り、労苦して学んだ修道の期間は二十一年にもなった。私が一人で歩んできたが、神様と御子がそばにいて、共にしてくださった。山や洞窟で二十一年間、天の御心に従って祈る生活をしなかったら、この時代に伝えるべき天の御言葉をもらうこともできなかっただろうし、ついてくる人たちに見せられるものが、何もなかったことだろう。

*10　タルバッコルも山中にあるが、タルバッコルから更に高く連なる峰の一つ。「カンナム」は韓国語で「オリブ（オリーブ）の木」のこと。

洞窟で祈る様子を再現した絵

鄭氏が祈っていた実際の洞窟

第五章　ベトナム戦争での経験

「命を愛しなさい」。これは、鄭氏が礼拝でよく伝えるメッセージだ。命が尊いものであるということは、誰もが知るところである。が、鄭氏は「骨身にしみるほどそれを知っている人は少ない」と話す。鄭氏がそれについて「骨身にしみるほど」知ったのは、銃声と砲弾が鳴り響くベトナムの地であった。鄭氏は二十一歳[*11]の時に徴兵され、一九六六年から六九年までの三年の間に、二回にわたってベトナム戦争の最前線に立った。

ベトナム戦争はもともと、第一次インドシナ戦争後に南北に分裂したベトナムを統一するために、北ベトナムと南ベトナムの間で起こった戦争であった。しかし第

＊11　満十九～二十歳。

二次大戦後、資本主義国の米国と社会主義国の旧ソビエト連邦の間で冷戦と呼ばれたイデオロギーの対立が表面化し、米ソの代理戦争的なものになっていった。

資本主義陣営の韓国も、一九六四年七月十五日、ベトナム戦争に参戦。「猛虎部隊」、「白馬部隊」、「青龍部隊」の三師団が戦ったが、鄭氏は「白馬部隊」に所属していた。同じ師団の第二十九連隊長には、後に韓国の第十一―十二代大統領となった全斗煥（チョン・ドゥファン）もいた。

二十一歳の青年だった鄭氏は最初、命を落とす危険が高いベトナムには行きたくないと思い、「何とか行かないで済むようにしてください」と必死に祈っていた。「一年に一万人伝道したことは小さなことでしょうか。両親からの強い反対にもくじけずに、神様のため働いてきたではありませんか」と祈りで訴えた。

ある日、鄭氏は原因不明の病にかかった。発熱のほか鼻血、血便などの症状が表れ、食事もまともに摂《と》れない状態が一週間も続いた。「神様がベトナムに行かなくて済むように病気にしてくださったのかな」。鄭氏はそう思って感謝の祈りを捧げたが、病状は悪化する一方だった。

あまりの苦痛に「神様、死にそうです」と悲鳴を上げると、神様の声が心に伝わってきたという。「あなたが私を愛するならば、(旧約聖書のサムエル記に出てくる)ダビデのように、私のために勇敢に戦うべきではないのか。他の人が行かないことはあっても、あなたは行かなければならない。私を愛するあなたが行ってこそ、私が働きかけることができるのではないか。神を信じると言う人が、そんなずるい考えをしてよいのか」

自分の考えと神様の考えが異なっていたことを悟って、鄭氏はベトナム行きを逃れようとしていた自身の姿勢を悔《く》い改めた。この時点では徴兵されて軍所属になっただけで、ベトナム行きは決まっていなかったが、ほどなくして志願兵が募集されると、志願書類を提出した。書類には「国のためにベトナムに行く。進んで志願する。私は十字架の下の兵として戦いたい」と書いた。

果たして鄭氏が降り立ったベトナムの戦場は、まさに聖書で言う「死の谷」そのものだった。

一九七五年、ベトナム戦争終了直後にフォード米大統領が公表した内容によると、両陣営の軍人・民間人合わせて百六十万人余りの命が犠牲となったとされる。戦場で数百回にわたり戦闘作戦に参加した鄭氏も、数えきれないほどの人々が死んで行くところを目の当《ま》たりにした。


ある晴れた日、頭上の青々と澄みきった空をしばらく眺めていた鄭氏は、知らず知らずのうちに神様に語りかけていた。

「ただ命だけは守ってください。戦場に来て、人が死んでいくのをたくさん見ました。『たとい人が全世界をもうけても、自分の命を損したら、なんの得になろうか』という聖書の言葉が思い浮かびます。私は勲章をもらいたいとは思いません。田舎に帰って、どんな生き方をすることになっても構いません。どうか、命だけは助かるようにしてください」

そう語りかけると、心に響く声があったという。

「あなたは命の大切さを悟ったのだ。命を大切に思う人だから、あなたの命を顧《かえり》みよう。必ずあなたが生きて帰れるようにしてあげよう」

それで鄭氏は、生きて帰れると信じた。心配が消えたわけではないが、なぜか確信めいた希望が湧いてきた。もう一度、青い空を見つめた。神様を見ることはできないが、あの空のように澄んだ目で、神様が見ている感じがした。

その日、一緒に勤務した人は十八歳[*12]で、海兵隊出身だと言っていた。鄭氏が「ベトナムに来てどれくらい経ちますか」と尋ねると、「もうすぐ一年です。あと一カ月です。しかし生きて帰れるかどうか分かりません」という答えが返ってきた。「今まで大丈夫だったのに、あと一カ月の自信がないのですか？」と鄭氏が聞くと、彼は「ええ、自信がありません。私が慕《した》っていた分隊長が亡くなりました。うちの分隊九人のうち、六人が死にました。私は助かりましたが、不安でたまりません。

＊12　満十六～十七歳。

生きようと考えると不安ですが、もう死ぬと思ったら、むしろ楽になりました。参考までに言っておきます。絶対に度の過ぎる勇敢さを見せようとはしないことです。また、あまり逃げ回ってもだめです。人から憎まれるようなことがないように気をつけて。憎まれたら味方に撃ち殺されることもあります」と言った。鄭氏が教会に通っていると話すと、彼が「生きて帰れるように祈ってほしい」と言ったので、鄭氏は手を置いて祈った。

「神様、この人が本当に生きて帰れるように願いますし、私も生きて帰れることを願います！」

戦場でも、常に片手には聖書があった。周りの兵士を見ると、戦果を上げて勲章をもらおうと躍起《やっき》になっている人、敵の死体からドル紙幣を奪う人、戦争が終わったら国に持ち帰るためにコーヒーや砂糖を貯め込む人、故郷にテレビや録音機を買って帰ろうとお金を貯める人など、様々だった。しかし鄭氏の願いはただ一つ、「命を守ってください」。それだけだった。

死と隣り合わせの環境で、命が何よりも大切なものであると心に刻んだ鄭氏は、ある決意をする。それは「絶対に人を殺さない」ということだった。

部隊では負傷兵を手当てする衛生兵、本部と連絡をやりとりする無線兵など、各々に役割が与えられている。鄭氏は狙撃の腕前を買われ、狙撃兵として「機動打撃特殊中隊」に配置された。狙撃兵は敵が出現したら真っ先に撃つのが役目だ。鄭氏はM七十九と呼ばれる擲弾《てきだん》銃を身につけていた。射程距離は四十六〜二百七十四メートルで、着弾地点から半径五メートルの範囲に三百個の鋼鉄片をばらまくものだった。一発で五十人の殺傷能力を持つ。

しかし鄭氏は、この強力な銃器を一度も敵に向かって使うことはしなかった。銃はいつも人に当たらない場所に撃った。

その理由を、鄭氏は礼拝の説教などでたびたび語っている。

「敵でも、故郷で帰りを待つ家族や恋人、友人がいるだろう。その人たちは気を揉《も》み、一日を千年のように感じるほど待っているだろう。神や仏に祈っていることだろう。それを思うと、故郷で私の帰りを待っている親兄弟の姿と重なって、胸が苦しかった」

殺された兵士の一人が自分だったら、両親や兄弟はどんな思いをするだろうか。立場を変えて考えてみると、彼らを殺してはいけないという思いが、波のように押し寄せた。神とイエスを信じ、「人に害を与えず、敵をも愛します」と幼い時から祈ってそのように生きてきた鄭氏にとって、人を殺すということは、たとえ戦場でも良心が許さないことだった。考えるだけでも両刃の剣で刺し通されるようだったし、針で刺されているようだった。

命の尊さをひとたび胸に刻んだ以上、戦場だろうが何だろうが、イエスを信じる者として一瞬たりとも脳裏から消すことはしまい、鄭氏はそう決意した。故郷では鄭氏の次兄が弟の無事を願い、毎日夜明けに雪山に登って祈りを捧げていた。敵も味方も、その人の無事を願っている人たちがいることに変わりはなかった。

戦場で銃を撃たずに済《す》ますにはどうすればいいかと考えて、敵を殺さずに捕まえればいいのではないかと思った。しかし、敵が銃を向けているのに撃たなかったら、自分が撃たれてしまう。戦場では、百人を殺すより一人を生かす方が難しい。それでも鄭氏は、最後まで殺さない信念を貫き通した。

当時同じ部隊に所属していた小隊長の一人、チェ・ヒナム氏は、後に宣教会制作のビデオ映像の中で、敵の連隊本部を襲撃した時の鄭氏の姿について、次のように語っている。

「ある日、雨の中、敵の本部に乗り込んだ部隊は、そこにいた三十人以上を撃ち殺したが、途中から鄭氏の姿が見えなくなった。もしかしたら敵の銃弾に倒れたのか、と心配する私たちの前に、彼が捕虜を何人か連れて現れた。この時の作戦では、敵はすべて射殺するということになっていた。ましてや部隊は雨中での戦いを終え、疲労困憊《ひろうこんぱい》して捕虜を連れて帰る余力などなかった。私は『おまえはどうして敵を殺さず連れてくるんだ』と言ったが、鄭氏は『彼らにも親兄弟がいます』と譲らなかった。そんなふうに言われてはね。仕方なく捕虜を連れ帰りましたよ」

ある日のこと。その日中隊は皆、戦闘作戦に出かけ、少数だけ残って歩哨《ほしょう》*13勤務にあたっていた。歩哨は一人で夜六時間の任務につくことになっていて、その日鄭氏は、夜十二時から任務についた。月の明るい夜だった。「ベトナムの戦線では、数百箇所で一夜にして、自軍敵軍合わせて五十〜六十人が命を落とします。でも今夜もし私の前に敵が現れたら、全員の命を生かします」と祈った。

月がトゥイホア海岸を照らしていた。哨所《しょうしょ》*14から一キロ先の海岸まで見えた。その時、数十名の集団が海岸沿いに鄭氏の部隊に向かってやってくるのが見えたという。よく見ると、後ろにさらに数十人が続いていた。時計に視線をやると、短針はちょうど文字盤の一を指していた。装備から推察するに、敵の正規軍特殊部隊で、八十名ほどいるようだった。彼らは鄭氏のいる哨所から約十メートルの地点にしゃがみ、煙草《たばこ》を吸って、鉄条網を挟《はさ》んだこちら側を見ていた。特殊部隊の隊員は、一

＊13　軍隊で、警戒・監視などの任務につく兵士。見張り。
＊14　歩哨の詰め所。

人で数十人を制圧できるような訓練を受けている。鄭氏も一通りの訓練は受けていたが、八十名の特殊部隊が相手では歯が立たない。おそらく千人の韓国軍がいたとしても、相手をするのは難しいだろう。脈が速く、強く打った。白馬部隊の連隊が合同戦闘作戦に出かけたのを知って、山から下りて海岸に埋伏《まいふく》しているようだった。武器などを奪うため、攻撃をしかけて武器倉庫を占領しようとしているかに見えた。

ただ、全く勝ち目のない状況でもなかった。鄭氏がいた場所には、対人クレイモア地雷が四台設置されており、手榴弾《しゅりゅうだん》も二十個以上あった。その他に擲弾銃《てきだんじゅう》や自動小銃もあった。クレイモア地雷は、爆発すると豆くらいの大きさの鉄球が一度に六百個飛び散り、五十メートル先の敵兵十数名を全滅させることができる、恐ろしい威力を持っていた。スイッチを押すだけで、彼ら八十名は反撃する間もなく全滅するだろう。鄭氏が哨所の壁にはりついていたので、敵は鄭氏に気づいていなかった。スイッチ一つで全滅するという、死の瀬戸際に立っていることなど知る由《よし》もなく、煙草をふかして雑談していた。特殊部隊を八十名も全滅させれば、アメリカから勲章を授与され、一生年金をもらって生活できることだろう。しかし鄭氏の心に、手柄を立てたい思いはなかった。「彼らを生きて帰さなければ」という一心だった。彼らだけでなく、親兄弟、恋人や友人まで含めると、数百人の運命がこの瞬間に左右されると思った。

しかし一方で、戦闘が始まってもまだ敵の命を思いやれるのか、百パーセントの自信はなかった。鄭氏は後日、「私の前に現れる敵は絶対に殺さないと祈ったことばかり思い出していた。なんでそんな祈りをしてしまったのかと、泣いた。どうして自分の前にこんなに敵が現れたのか。偶然なのか神様の計画なのか、私を試みているのかと悩んだ。私も助かりたいし、敵も生かしたいけれど、自分が死んで敵を生かすことはできないのではないだろうか、と思った」と、その時の揺れた心の内を回顧している。味方はほとんど、戦闘作戦のため出払っていた。無線機がなくて、連絡をとることもできなかった。中継状況室に非常信号を送ってみたが、居眠りしているのか、何の反応もなかった。頼れるところがない中で、鄭氏はひたすら神様を呼んだ。神様が計画した夜なのか、自分が死ぬ日なのか、はたまた敵が全滅する日なのか、皆目《かいもく》分からなかった。

哨所の穴から外を覗くと、彼らはもう鉄条網を越えていた。髪は逆立ち、息苦しかった。仕方なく、クレイモア地雷のスイッチを第一段階まで入れた。カチリという音が小さく響く。第二段階まで押せば、爆発する。第二段階を押す前に、心の中で神様に尋ねた。「爆発させるべきなのですか。敵はすぐそこまで来ています。『敵を愛しなさい』とおっしゃった聖書の御言葉どおり彼らを助けたいですが、彼らを助けたら、私が危険です。どうしたらよいのでしょう！」。祈っても、何の返事も聞こえてこない。どうしろとも、心配するなとも、何の言葉も聞こえなかった。肝《きも》は潰れ、骨まで焦げつきそうな思いだった。敵が二、三分後にはここに着く。スイッチを押すべきか、押さざるべきか。静かに目をつぶり、涙を流して祈り続けた。「彼らの命を助け、私の命も助ける力のある方は、神様のほかにいません！　神様が来られないのなら、天使でも送って、この問題を解決してください！」

するとと不思議なことが起きた。しばらくして目を開けると、八十名のうち六十名くらいが、海岸沿いを遠くまで戻っていた。二十名くらいが残っていたが、しばらくすると彼らも帰り始めた。その後ろ姿を見ていると、仲間同士でふざけあい、じゃれ合っていた。戦場でなかなか見ることのできない、平和で愛らしい姿だった。

彼らが完全に見えなくなると、全身から滝のように汗が噴き出した。

鄭氏の手記や礼拝説教では、ベトナム戦争での生々《なまなま》しい経験が語られている。

～鄭氏の回想録と礼拝説教から～

一九六七年七月、ベトナムのトゥイホアで夜通し作戦が行われた時のこと。夜が明けて、前日の戦闘の結果を確認するよう命令を受けた。百メートルほど進んでみると、見るに堪《た》えない光景が目の前に広がっていた。二百人以上の死体が散乱していた。

一九四九年に締結されたジュネーブ条約に基づいて戦地の死体を埋めるた

め、一週間後に行ってみると、腐っていた。気温が三十七～三十八度もあったから無理もない。死体からうじが湧いた。うじゃうじゃ湧いていた。一匹一匹よく見えた。うじはたいそう肥《こ》えていた。くねくね動くその様子が今も目に焼きついていて、臭《にお》いまで思い出す。記憶から消えることはない。

死体を運んで埋めるのだが、普通に運べるわけではなかった。動かそうと引っ張ると、手が抜ける、首が抜ける、足がもげる。泣いた。ひどい臭いがして、吐かないために土を口に突っ込んで遺体を運んだ。「人間は死んだらこうなる。腐るんだ」と思った。一つの穴に何十人も入れて、土をかぶせた。

人々はよく「死んだらそれで終わりだ」と言うが、私は、「この人たちの霊魂が地獄に行ったら大変だ」と思って、亡くなった人たちの霊魂のために、切実に祈った。

苦痛の中で人生を学んだ。虚《むな》しさも学び、恐怖も学んだ。目の前で人が死んでいくのだから、本当に怖かった。朝、目を覚ますと、今日は自分が死ぬかもしれないと考えた。誰も、今日の命を保証できない。

ある日同僚が、「僕、今日死ぬかもしれない。鄭兵長、祈ってくれないか。悪い夢を見たんだ」と言った。

「じゃあ、行かなければいいよ」

「いや、抜けるわけにはいかないだろう」

当時、私は小隊長の伝令をしていたので、「彼は悪い夢を見て、自信がないと言っています。今日は連れていかない方がよいと思います」と小隊長に伝えた。

「だったら、今日は休め」と、小隊長は言った。誰もが「今日は自分が死ぬかもしれない」という恐怖の中にいた。

戦場で何を悟ったのか？　恐怖だ。死に対する恐怖。銃を突きつけられ、今にも引き金が引かれる、その恐怖。そのような恐怖の中に、二年以上いた。

死を目前にして感じる恐怖は、それは恐ろしい。しかし、霊が地獄に行くことの方がもっと恐ろしい。地獄を見たという人たちが口々にそう言っている。何が何でも地獄には行かないようにしなければならない。

◇　◇　◇

ある日、前日戦闘のあった所へ、敵兵の死体を確認する任務に出かけた。とても危険な任務だ。まだ息のある兵士が報復してくる可能性があるからだ。同僚とふたり、息を殺して地面を這《は》いながら、一時間ほど慎重に任務を遂行していた。

その時、三メートル前方にあった大木の横に、人の顔半分と、こちらを狙う銃口が見えた。敵の目には、殺気が満ちていた。体は硬直し、めまいがして、目の前が真っ暗になった。なんとか気をとりなおして見てみたが、状況は何も変わらない。私の手にも銃があったが、銃を構える気力も失っていた。

敵は呆然と立っている私にぴたりと照準を合わせた。もうだめだと思って目を閉じ、心の中で神様を呼んだ。その時、天から声が聞こえた。

「歩み寄って、愛しなさい！」

その声は、地球上のすべての人に聞こえるのではないかと思うほど大きく、雷のように鳴り響いた。確かに神様の声だった。愛に満ちあふれながらも威厳があって、恐ろしく響いた。

私は心の中で答えた。「私が近よれば、彼は私を殺すでしょう」。少しでも動けば、引き金を引くに違いなかった。もう一度、せかすような声がした。

「愛しなさい！」

「動けば死ぬのに、ですか？」。もう一度聞いたが、それ以上何も聞こえてこなかった。

じっとしていても死ぬし、動いても死ぬ。どうせ死ぬなら、神様がおっしゃったとおりにして死のうと思った。敵を愛すると決心をして、一トンもありそうなほど重たい一歩を踏み出した瞬間、胸が熱くなり、硬直していた体が解けて、超人のような力が湧いてきた。互いの目をまじろぎもせずに凝視《ぎょうし》して、二歩目を踏み出そうとしたその時、敵兵が妹に見えた。私はびっくりして銃を投げ捨て、妹の名前を呼んで駆け寄った。「ヨンジャ！　おまえ、どうしてここに！」と、抱きしめて大泣きした。泣きながら改めて見ると、私が抱きしめていたのは、先ほどの敵兵だった。何のために殺し合わなければならないのかと思って、互いを抱きしめ、ふたりでおいおい泣いた。

そのように四十分くらい泣いていたように思う。敵の兵士が、突然何かを思い出したような表情をして、座っている腰をおそるおそる上げながら、右手をお尻の下にいれた。彼は私を押して、危険だから後ろに下がっていろというようなジェスチャーをした。

実はその兵士は、膝を撃たれて負傷したために逃げることができず、死体を確認しにきた私たちを道連れにして死のうと思って、手榴弾のピンを抜き、その上に座っていたのだった。長い時間泣きながらその上で体を揺らしていたのに、手榴弾が爆発しなかったのは奇跡だった。結局敵も私も、命を落とさずに助かった。神様は絶体絶命の状況で、私と敵を愛して、双方が生きる方法を教えてくださった。「愛しなさい」。その言葉に従うことは死を意味するかもしれなかったが、神様を愛していたので、その言葉に聞き従った。その結果、生きることができたのだ。

手記の中に、銃口をこちらに向けていた兵士に対して、「愛しなさい」という神様の言葉に従って歩み寄り、抱き合って泣いたとあるが、あとで鄭氏がその兵士に聞くと、彼も雷のように鳴り響く「愛しなさい！」という声を聞いたと言った。それで鄭氏が近づいても撃たなかったのだ。彼もまた、自分もクリスチャンであると、十字架のネックレスを見せたそうだ。

しかし、これには悲しい後日談がある。

鄭氏は怪我をしていたその敵兵を捕虜として連れ帰り、顧みていたのだが、ある上官が「調べたいことがある」と言って、彼をどこかに連れていってしまった。鄭氏はその時、仲間と一緒に命令を受けて、敵を探すために洞窟に行っていた。

しばらくすると爆発音がした。外に出てみると、その上官がクレイモア地雷を爆発させて、捕虜の体を粉々にして殺してしまっていた。鄭氏は憤《いきどお》った。

「投降した人なのに、なぜ殺したのですか！」

「お前は敵と一緒に暮らすつもりなのか！」

「収容所に連れていって、自由を取り戻せるようにしてあげればよかったじゃないですか！」

「クリスチャンはそうするのかもしれないが、俺は指揮官として敵を殺したんだ！」

彼の言い分では、「捕虜を連隊本部に送り、敵の情報を提供されると、また危険な戦闘に出向かなければならなくなる」と思って殺したのだと言う。

「あなたには命が二つあるのですか！　腹に鉄板でも巻いているのですか！　人の命を助ける時に、自分の命も神様が助けてくださるのではないですか！」と鄭氏は迫った。

「もういい！　テントに行って飯でも食え！」とその上官は言った。

「死体の臭いがして食べることができません！」

「戦場なんだから、初めて経験することでもないだろう！」

残酷な死に方をした捕虜が不憫《ふびん》でたまらなく、彼の霊魂のため、鄭氏は涙で神様に祈った。「彼が私を助けてくれて、私も彼を助けて、ふたりとも助かったのです。私がそばにいれば、絶対に死なせたりしなかったのに。彼の霊魂を、神様が顧みてください！」


現在鄭氏の故郷には自然を生かした聖殿が建築されていて、岩の造景がある。その中に立てられた一つの岩に、大きく力強い文字が刻み込まれている。「命を愛しなさい」と。

1967年　ベトナム　トゥイホアにて　一番右が鄭氏

密林作戦中

戦場でも聖書を読み、悟ったことなどを記録した
書いたものを同僚が読んでいる

鄭氏の字で「命を愛しなさい」と刻まれた岩

第六章　帰国後

一九六九年九月、鄭氏は三年半に及ぶ従軍生活を終え、ベトナムから帰還した。

鄭氏が連れてきた捕虜からの情報によって部隊が戦果を挙《あ》げた功績で、鄭氏には花郎《ファラン》武功勲章をはじめとする六つの勲章が授与された。故郷に物を持ち帰れるのは勲章のある人だけだった。帰国する時に持ち帰ろうと、当時は高価だったテレビを入手していた同僚がたくさんいたが、勲章がないため持ち帰れず安売りしていた。

帰国の一週間前、鄭氏は同僚からテレビと録音機を買い、帰国の途についた。

テレビと録音機を手に携《たずさ》えて、故郷を見下ろせる近くの山までたどり着いた鄭氏。弟や妹の喜ぶ顔が目に浮かぶ。案の定、弟妹たちはテレビを見て大喜びだった。

当時ソンマンニ（石幕里）には教会が一つあったが、タルバッコルには教会がなかったため、鄭氏と家族もソンマンニにある教会に通っていた。母親は教会の鐘を鳴らす係で、熱心な信仰者だったという。鄭氏も「この鐘の音が好きだった」と述懐する。夜明けに鳴り響く鐘の音は、農業を営む村人たちにとって生活のリズムを織りなす音であり、キリスト教を快く思わない人からも、教会の鐘は愛されていた。鄭氏が帰国後の一九七〇年に教会の青年たちと新しく建てなおす前の教会の建物は、記録によると一九五〇年代に建築されたものだったらしい。

ソンマンニの教会を建てなおす際、鄭氏はベトナムから持ち帰ったテレビを手放している。教会の建物を新築するために、地元の青年たちが協力して、建築費用をかなり抑えることができたのだが、まとまった人数が入れる建物を建てるには足りなかった。「資金がないから、小さく建てよう」という意見もあったが、鄭氏は戦争で命の代価として得たと言っても過言ではない給金をすべて出して、建築費用を工面《くめん》しようとした。それでも足りなかったので、高麗人参畑を担保に借金をし、ベトナムから持ち帰ってきたテレビも売って、教会建築のために寄進した。まだ電気が通っていなかったため、どちらにせよテレビを見ることはできなかったのだが、テレビが家にあるだけでも嬉しかったという妹のヨンジャ氏は、「いくら止めても、教会のためにとテレビを売ってしまった兄が、とても恨めしかった」と述べている。

鄭氏も、実際のところは葛藤したようだ。「心の中で、神様を愛する自分の声が『いずれ錆びてなくなる物は売ってしまい、ノアの箱舟のように、教会を建てよう。命を救うために』と訴えかけてくるのだが、テレビが惜しくて、最初は聞こえないふりをした」と述懐している。しかし、「ベトナムで死ぬはずだった命を助けてもらったことに比べれば、献金した給金も、負った借金も、テレビを売ったお金も安いものだと思った」という。

ソンマンニから車で十分ほどの距離にあるチンサン（珍山）という村で、当時写真館を営んでいたハ・ソングク氏が、自分の体より大きい十字架をかついで坂道を徒歩で運ぶ鄭氏の姿を見かけている。「『それは何だ？』と声をかけると、『新しい教会につける十字架をクムサンで製作してもらって、運んでいるところです』と言うので、たいそう感心し、今でも印象深く覚えている」と話す。

完成した新しい教会は、村の名前を取ってソンマク（石幕）教会と名づけられた。

教会にある石には、二十六歳[*15]だった鄭氏と、建築に参加した一人ひとりの名前が刻まれた。再建に際し、鄭氏が大半の資金を出したため、初めは鄭氏の登記になっていたが、鄭氏が村に寄贈した。

ところでソンマク教会が建てられた一九七〇年に、故郷近くのチンサンに飛行機が墜落したことがあった。上空で二機が衝突して周辺地域に遺体が散乱したため、航空会社は遺体の捜索に報奨金を出して、地元の人たちに協力を要請した。腕など身体の一部を見つけると三百万ウォン、体全体なら七百万ウォン[*16]だった。

鄭氏も教会に献金するために遺体捜索をしようかと思ったのだが、「死んだ屍《しかばね》を見つけても三百万ウォンをもらえるのに、生きた屍を見つけた人に、私が何もして

＊15　満二十四〜二十五歳。
＊16　現在のレートで三百万ウォンは約三十万円、七百万ウォンは約七十万円。聞くところによると、七〇年代は缶ジュース一本が百ウォン、田舎で畑を耕す牛一頭が十万ウォン、地方初級公務員の初任給が月八万ウォンぐらいだったという。

あげないはずがあろうか」という神の言葉が胸に感じられた。「体は生きているけれども、死んだような人生を生きている人たちを見つけて救いなさい」と、神様がおっしゃっているのだと思った。そこで遺体捜しはやめて、人々に神の御言葉を伝えに行くことにした。

イエス・キリストの教えを書いた手書きの「伝道チラシ」を作り、自宅から四十〜五十キロ離れたテジョンやムジュまで足を運んで伝道した。多い時は一日に八百人、年間一万人もの人たちに声をかけ、聖書の教えを伝えたという。話を聞いて教会に通いたいと言う人には、それぞれの家の近くの教会に通うように勧めた。日が暮れて最終バスがなくなると、何時間も歩いて帰ってきた。

神の言葉には人の心と霊を生かす力があると考えて、聖書を正しく悟るために、ある時は一つのことにつき五千回祈ることもあった。悟ったことを生活の中で試し、確認しようともがいた。聖書を読んだ回数は、通読だけで二千回にのぼり、祈りを捧げた歳月は、二十一年になろうとしていた。

一九七〇年代中盤から後半にかけて、鄭氏は大芚山にこもって祈り続けた。この山で祈ったのは、誰に咎《とが》められることもなく、深く祈れる場所だったからだ。

大芚山はいくつかの連なる峰から成っていて、その中に、ちょうど鷲《わし》の頭のような形をした高い峰がある。鄭氏が「鷲の峰」と名づけたその場所は、一坪の七分の一ほどしかない狭いスペースで、周囲は真下に百メートルも続くような絶壁だった。うっかり落ちようものなら、命はない。人が近寄らないこの場所を、鄭氏は祈りの場所に定めた。人の往来を気にせず、集中して祈れるからだ。

韓国の冬は厳しい。今は昔より気温が上がっているが、それでもソウルでも零下十五度まで下がる。大芚山での気温は都市部より低く、零下二十度以下まで下がることも珍しくなかった。極寒の山で祈っていると、夜が明けて太陽が昇ってきた時の歓喜《かんき》は、言葉では言い表せないほどだった。日の光と暖かさが、身にしみた。

鄭氏が好きな讃美歌に、「朝日昇《のぼ》りてすべては新《あら》た、世を歩《あゆ》む時、光となりぬ。主よ我《われ》助け、日々むだにせず。世を歩む時、光となりぬ」という歌がある。その曲を歌いながら、「私もあの空の太陽のように、人々に光と喜びを与える存在になりたいです」と祈る鄭氏だった。
大芚山で祈っていた時のことについて、鄭氏は次のように回想している。

～鄭氏の回想録「私だけが歩んできた道」から～

イエス様は、祈りの時も、絶壁を上り下りする時も、「ゆっくりと、岩を、私を掴むようにぎゅっと掴みなさい」とおっしゃった。めまいがする時や安全に動ける自信がない時には、「絶対に動くな」と言って、私が動かないように注意された。ある時、怖くて足を置いている岩から足を離すことができず、イエス様を呼びまくった。足は震え、岩を掴む手に力が入って爪が割れた。鷲の峰にある松の木のすぐ下は、百メートルもの断崖だった。イエス様が、「私があなたを後ろから抱いているから、慌《あわ》てないで。足のつま先を岩壁にすりつけるように、ゆっくり下ろしなさい」という感動をくださって、やっとのことで足を下ろした。「手も離さないで、岩にぴったりとつけて、ぎゅっと握って移動しなさい。これと同じように、いつもあなたの心で、私をぎゅっと握りしめなさい」と教えてくださった。実践の場で教育を受けるから、胸の奥深くにしみ入ってきた。その時の教えどおりに、今日まで生きている。

◇　◇　◇

雨の日も雪の日も、大芚山の龍門谷《ヨンムンコル》の岩の絶壁が、私の家だった。修道生活をしている間は、言葉にできない苦労の連続だった。大芚山の岩々が雨と風によって数億年も削られ、滑《なめ》らかになったように、私の体も、考えも、魂も、霊も、天の御言葉と祈りによって削られ、磨かれていった。岩の絶壁に道を切り拓《ひら》くことは難しい。しかしそれと同じぐらい、人間の心と行いを磨きあげることが難しく、また真理を見つけることが難しい。こんな暮らしがいつまで続くのか、どれほど長い歳月になるのか、神様は話してくださらなかったし、何の確約もなかった。イエス様に導かれながらも、私自身が悟り、私自身が理解して進まなければならない道だったから、誰かがやめさせることもできないし、自分の力によるところが大きかった。結局は、自分がやりたくなければ長続きしない。誰かが引っ張ってくれたとしても、自分が嫌なら、すぐにやめてしまうものだ。

昼は太陽の灯《あか》りで聖書を読み、日が暮れると、星で飾られた空のふとんをかけて祈った。讃美も歌い、月の灯りで聖書も読んだ。読んだ部分を祈りの中で悟ったり、イエス様に尋ねたりした。天の深い御心が悟れた時には、まるで断崖絶壁で高価な宝石を見つけたことのように、嬉しくてたまらなかった。空腹だったが、私には希望がごちそうだった。体は衰弱しても、精神は絶壁に生える夏の松のように青々と、秋空の星のように冴《さ》えわたっていた。

鄭氏が修道生活を送った大芚山の全景

1972年ごろ　大芚山で

昔祈っていた峰に登ってポーズをとる鄭氏

大芚山の中腹で祈る姿　現在の七星峰《チルソンボン》展望台辺りと思われる

第七章　ソウルへ

鄭氏は一九七〇年代後半、それまで悟った神様の御言葉を、分かりやすく図表にまとめた。なるべくきちんとしたものを作りたかったので、画家などの絵を描く専門家を探し、図表を描いてもらう際、一枚につき約一時間も説明をした。絵師は鄭氏の要望に応《こた》え、約一年かけて百二十枚の図表を完成させた。

「図表を丸めて大砲のように担《かつ》ぐと、まるで新型兵器でも持っているかのように心強かった」と鄭氏は振り返る。

このころ、社会に大きな変化の波が起きていた。

一九七〇～八〇年代の韓国では、キリスト教が爆発的な増加を果たしていた。カトリック・プロテスタントを合わせて、七〇年代は三百九十八万人だったのが、八〇年代には八百五十八万人と、わずか十年の間に二倍以上増え、キリスト教が反独裁・民主化運動の原動力となっていた。

鄭氏は激動する社会の中で「私に何ができるだろうか」と考えながら、韓国と世界の国々の安定と平和のために、祈りを捧げていた。

そんな折《おり》、鄭氏は一つの夢を見る。イエス・キリストに、自分の進路について相談している夢だった。

「イエス様、就職したいのですが、小学校の卒業証書しかないから面接で落ちるし、それ以前に願書も受けつけてもらえません。どうしたら就職できるでしょうか？」

「私を信じる人たちの所にあなたを連れていき、就職できるか、聞いてみよう」

夢の中でイエスは鄭氏を連れてさまざまな職場に行き、経営者に鄭氏の就職を依頼してくれた。イエスの推薦とあって、鄭氏はどの職場でも歓迎されたが、「ここに就職しても、満足できないのではないか」という考えがよぎって、いずれも内定が決まる前に、「イエス様、やっぱりここには就職できません」と断ってしまった。ついに最後の職場を辞退した時、鄭氏は言った、「イエス様についていき、イエス様の仕事を手伝わせてください」。その言葉を聞いたイエスは、懐から一本の筆を取り出し、鄭氏に向かって投げた。鄭氏が受け取るとその筆はどんどん大きくなった。「最後の筆だ。もう筆は残っていない。私とあなたの筆だけだ。私が書くとおりに、そのままあなたも書きなさい」。イエスが描いた丸をそのまま大きな紙にそっくり描いていると、イエスは天に昇って行ってしまった。

そんな夢から覚めた鄭氏は、「神様の御言葉を、イエス様から教えてもらったとおりに伝え広めよう」と決意し、人の集まる首都ソウルへ行く決心をする。

図表が完成し、一九七八年四月からは、大勢を前にしても聖書の教えを伝えられるようにとスライド制作に着手した。すべての用意を整えて、最後に山で祈りを捧げた。出発前に母親にだけは、ソウルに発つ本当の理由を打ち明けた。

一九七八年五月二十三日。図表を背負って故郷を離れる息子を見送りながら、母は涙を流した。母や弟妹を残していく鄭氏の目にも、涙があった。ソウルに向けて出発した鄭氏の片手には、聖書などの入ったトランクがあり、もう一方の手にはスライド映写機があった。背中には何十枚もの図表を丸めて、紐《ひも》でくくりつけた。スライド映写機は図表を大きく映し出すために用意した。その時の所持金は、わずか数千ウォン[*17]。ベトナム戦争の報奨金は、故郷の教会建築のために使ってしまったので、手元にはそれだけしか残っていなかった。

心細い気持ちもあっただろうが、三十四歳[*18]の鄭氏の心は熱く燃えていた。「ちょうど、将軍が兵士たちを率いて民を敵の手から救うために出発する時のように、希望とやる気に満ちていた」と鄭氏は著作で回想している。

自信の源となっていたのは、これまでの二十一年の歳月だった。その間、鄭氏は誰より祈り、聖書を掘り下げ、人々に宣《の》べ伝えてきた。病気の人のために祈り、家のない人を泊め、キリストと共に歩んできた。どうやって人に伝えればいいのか、説教はどうするものなのか、実際に行動しながら身につけてきた。

「それまで寒さと飢えの中で祈りながら鍛えられたから、食べられないことや寝ら

＊17　現在のレートでは数百円。（参照P72＊16）
＊18　満三十三歳。

れないことにも慣れていた。鍛えられ、体質が強くなっていたから、自信があった」

鄭氏がソウルに到着したのは、一九七八年五月三十一日。翌日の六月一日から、悟った聖書の教えを宣べ伝え始めた。

第八章　初めは微弱でも

鄭氏がソウルで行った初期の宣教の様子については、著書や礼拝説教記録の中にいくつかのエピソードが残っている。

ソウルに向かう道すがら同行していた青年の一人が、ソウルにある兄の家に鄭氏を迎えてくれた。その家で鄭氏が、図表を広げて聖書の教えを伝えたところ、家人は「分かりやすくて、よく理解できる」と、とても喜んだという。また高熱で寝込んでしまった子供のために鄭氏が祈ると、熱が下がり体調が回復していった。これを見て青年の兄嫁が「神様は本当にいらっしゃるのですね！」とたいそう喜び、しばらくその家に滞在させてくれたという。こうしてしばしの滞在先を得た鄭氏は、ソウルのあちらこちらを練《ね》り歩きながら、教えを学びたい人がいれば伝え、病気の人がいれば祈るという日々をしばらく続けた。

そんなある日、ソウルの北にある三角山《サムガクサン》に行くことを思い立った。そこには祈祷院があった。祈祷院というのは、病気に苦しむ人や事業を始める人など、様々な願いごとを持った人が祈りを捧げる施設のことだ。日本ではあまりなじみがないが、キリスト教が盛んな韓国にはよくあるものらしい。鄭氏は祈祷院に着くと、「神様の御言葉を伝えるべき人に、必ず会わせてください」と祈り求めた。

ある時、鄭氏から祈ってもらって病気が治ったという人が、宣教資金の足しにと謝礼を渡してくれた。それを元手にソウルのナムガジャドン（南加佐洞）にある建物の一間を借りることができた。広さは約三十坪で、教会兼住居として、そこで聖書の教えを伝えた。

部屋の片隅に毛布を敷いて小さい布団を一枚かけて寝るようなつつましい生活だったが、洞窟で岩を屋根とし枕としていた鄭氏にとっては「宮殿のように思えた」という。教会と言うには狭く古ぼけた場所でも、鄭氏にとっては初めて得た「教会」だったのだ。

拠点ができてからは、学ぶ人も少しずつ増えていった。「神様が祈りを聞いてくださった」と感謝した。そんな時、トラブルが発生する。

ある日、鄭氏のもとに二人の若者が訪ねてきた。聞いてみると、二人は神学校を卒業したという。彼らは「まだ一度も説教をしたことがないので、この教会でやらせてほしい」と言いながら、「説教はできても、あなたのように病気を癒《いや》してあげることはできないから、私たちに説教をさせてくれないか。あなたは病人を癒してくれたらいい。そうすればもっと人が増えるだろう」と言った。

故郷にあるソンマク教会では、神学校を卒業していない鄭氏に説教を任せてくれることはほとんどなかった。祈りと実践によって解き明かしてきた聖書の知識について、鄭氏には「これは私の考えではなく、イエス様が教えてくださったものだ」という自信があった。しかし人に認められるような神学校で学んだわけではなかったため、せっかく教会に来ても「神学校も出ていないのか」と帰ってしまう人たちがいた。そこで鄭氏は、神学校を卒業した二人に神様の計画があるのかもしれないと期待して、提案を受け入れた。

だが、期待は裏切られた。ほどなくして、二人が教会の献金を使い込んでいたことが発覚した。信頼してお金の管理も任せていたのに、彼らは献金を着服し、使い込んでいた。

鄭氏は言った、「もう一緒に教会を運営していくことはできない。ここは五百万ウォン*19を投じて私が始めた教会だから、君たちが出ていってくれないか」。ところが二人は謝るどころか、逆に食ってかかってきた。「説教を担当しているのは私たちだ。出ていくのは、あなただ」。開いた口が塞《ふさ》がらなかったが、結局、二人がいくばくかのお金を払う代わりに、鄭氏が教会を出ていくことになった。

「必ずもっと大きな教会を建てるぞ！」。そう心に誓って、鄭氏は「初めての教会」を後にした。

ソウルに来て、二年が経過しようとしていた。

＊19　現在のレートで約五十万円。

鄭氏は再び拠点にできる場所を探し始めた。手持ちの資金はもう三十万ウォン[*20]しか残っておらず、「これで借りられる部屋を与えてください」と神様に願い求めた。すると「探せ。探せばある」という言葉が胸に響いた。

天の心に適《かな》う祈りであればきっと見つかると信じて、ソウルの麻浦《マポ》区シンチョン（新村）地域の不動産屋を片っ端から回った。五十軒、百軒と物件を見て回ったが、いっこうに見つからない。ある不動産屋では「三十万ウォンで借りられる部屋がどこにあるんだ」と呆《あき》れられ、別の不動産屋には「そんな物件は、ソウル中探してもあるわけない」と言われ、追い返された。

それでも鄭氏は諦めなかった。「調べるだけでも、調べてみてください。探せばあるかもしれないから」。すると、その会話を聞いていた別の従業員が言った、「そういえば数日前、ある女性が、息子がアメリカに行って今は一人だから、門の隣にある寝るスペースだけの部屋を、三十万ウォンで貸したいと言っていましたよ」。

＊20　現在のレートで約三万円。

鄭氏は早速《さっそく》その家を見に行った。シンチョン駅の隣、梨花《イファ》女子大学近くの路地にある物件だったが、それは部屋でもなく、古い時代に家の主人が外出先から戻ってくる時、気配がしたらすぐ門を開けられるように、使用人が門のそばで待機するため造られた、離れのような場所だった。

この「離れ」は一坪にも満たない狭さで、水道は使えず、庭にあるポンプで水を汲《く》み出さなければならなかった。台所もなく、練炭を入れる焚《た》き口だけが軒先《のきさき》にあった。大家《おおや》は夫に先立たれた六十歳ぐらいの女性で、息子がアメリカに行ったために一人で暮らしていた。

その「離れ」よりは多少広い部屋が二つあったが、そこには夜の飲食店で働く女性が一部屋に二人ずつ、計四人住んでいた。保証金（日本の敷金のようなもの）が三十万ウォン、月々の家賃は三万ウォンだった。

ここを教会として使うには、大家の了解を得なければならない。鄭氏は「教会として使いたいのですが、静かに祈祷会式にするつもりですし、数人だけ伝道して、人が増えたらここを出ていきますから、ご了承いただけませんか」と説明した。すると大家は「隣の部屋にはデリケートな女性たちが住んでいて、夜は仕事に出かけ、昼間は寝ている。だから日中静かにしてくれれば、それでいい」と言った。こうして無事にこの部屋を借りられることになった。百五十以上の物件を探したあげくにようやく見つけた、新しい「教会」だった。

近所にあった梨花女子大学は、卒業生に各界の著名人が名を連ねる名門校だ。鄭氏はよく正門の前で、「聖書を学んでみませんか?」と声をかけた。一日数百人にも声をかけたが、身なりも立派とは言えず、ほとんど相手にされなかった。

梨花女子大学の隣にはキリスト教メソジスト派の教会があった。「もしかしたらあそこに、神様が私に会わせたい人がいるかもしれない」と入ってみたが、不審に思われて追い出されてしまった。「犬はかわいがって連れ歩くのに、人間の私には全く関心がないようだった」と、鄭氏はこの時のことを述懐している。とりあえずの住居兼教会は得たが、そう簡単に人は集まらなかった。

大家の言ったとおり、隣の部屋で寝ている人がいたので、昼間はあまり声を出して聖書の講義をすることができなかった。そのため鄭氏は、どこかに落ち着いて話ができる静かな場所はないかと探した。ある時は寺の境内《けいだい》で、聖書を広げて講義した。僧侶はその様子を不思議そうに見ていたが、何も言ってこなかった。皮肉にも、キリスト教の教会では追い出されたのに、寺では黙認してくれた。

そのうち四人の学生が、鄭氏のもとで定期的に学ぶようになっていた。そのほかに不定期に学びにくる学生が出入りしていたが、部屋が狭くて四人でもぎゅうぎゅうだった。しかも保証金を家賃として切り崩してしまい、家賃を払うあてもなく、退去を余儀なくされた。

退去の期日まで十日あまりに迫ったある日。三角山の祈祷院にいたころに出会ったユ・ソンギという、会社を経営している人物から電話がかかってきた。その人は以前も、鄭氏が困窮している時に食事をごちそうしてくれたりと、鄭氏を応援してくれる人だった。

「最近、どうしていますか？　教会は作れましたか？」。ユ氏は明るい声で尋ねた。

鄭氏は「人は集まってきていますが、場所が狭くてどうにもなりません」と言った。

ユ氏が会って話したいと言うので、シンチョン駅近くの喫茶店で会うことにした。

鄭氏の話を聞いていたユ氏は、「何人いるのですか?」と聞いた。「四人です。学生たちです」と鄭氏が答えると、ユ氏は笑った。「希望がありませんね。年配の人たちを伝道すれば、経済的にも余裕ができるし、若い人も増えるのに」

「場所があれば、年配の人も伝道できるでしょうが、今の一坪の部屋でさえ、十日後には明け渡さなければならない身の上です」。それを聞いたユ氏は、しばらく何かを考えていた様子だったが、「私の管理している建物があるのですが、しばらくそこに住みながら、管理してくれませんか。とても古いので、教会としては使えないと思いますが」と持ちかけてくれた。

早速その建物に行ってみると、そこはソウル市城北区《ソンブク》サムソンギョ(三仙橋)という町で老人ホームとして使われていた、古い建物だった。ほとんどの窓ガラスは割れていて、ドアも壁もボロボロだった。腐った臭いが立ち込め、今にも崩れてきそうだった。しかし鄭氏の目には、シンチョンで借りた部屋とは比べ物にならないほどの広さが、魅力的に映った。建坪《たてつぼ》は二百坪で、ほとんど使えそうになかったが広めの部屋が二十~三十あった。台所には釜もあり、水道も使えそうだった。

「この場所を教会として使わせてもらえませんか」と鄭氏が頼んだ。ユ氏は「いくらなんでも古すぎて、教会としては使えないでしょう。建物が撤去されるまでの間、ここを管理しながら、仮の住まいとして使うだけにしておいたらどうですか」と提案したが、鄭氏がしきりに頼むので、「それでは撤去するまでの間、自由に使ってください。この建物を壊したら、また別の部屋を紹介しますから」と言うと、取り急ぎの修繕費を渡して、帰っていった。


数日かけて建物をきれいに片づけ、掃除して、「ここでたくさんの人に伝えて、人が増えたら、崩れる前に早く引っ越そう」と思う一方、「いつになったらそんなに増えるんだ?」という気持ちもあった。

それからは来る日も来る日も、休む間もないほど聖書の教えを伝えた。そうして一年が経つと、部屋は人であふれかえり、ホールや他の部屋までいっぱいになっていた。

鄭氏はその後も、人が増えるにつれて、少しずつ広い場所に移していった。

先のシンチョンに一坪足らずの「離れ」を借りて学生たちを教えていたころは、大家からも警官からも「ここで何をしているのか」と聞かれたものだった。当時は軍事政権下で、学生運動や民主化運動が活発だったから、学生たちが集まると、警戒されたのだ*21。「聖書の真理を教えて、教会を作ろうと思う」と言うと、彼らは「一坪の部屋で?」と不憫そうな表情を浮かべて笑った。サムソンギョの古い建物に移った時は、学びに来る人たちが口々に、「こんな所で何ができるというのですか」と言った。そのころソウルのある教会の牧師が訪ねてきたことがあったが、「こんな所でやっているのですか。哀《あわ》れです。紳士淑女の学生たちを、こんなみすぼらしい場所に来させて、恥ずかしくありませんか?」と嘲笑《ちょうしょう》された。しかし鄭氏は、その時々に神様が与えてくれた環境に感謝しながら、宣べ伝えていっ

*21　夜間外出禁止令も発令され、規制や監視が厳しい社会情勢だった。

1980年　ソウル・シンチョン交差点にて撮影
かばんの中には聖書と図表が入っている

た。人が増えては場所を移し、また増えては移しと、そのように少しずつ進めていった。たとえ微弱で、人には理解されずとも、ただ神と共に歩んでいった。「歴史とは、最初はままごとのように微弱なところから始まるが、だんだんと勇壮になり、最後には壮大になるものだ」と、鄭氏は後に語っている。「それはまるで、山奥から湧き出た水が渓谷に向けて細々と流れ、やがてせせらぎになり、小川になり、大河になり、海に至るようなもの」であると。

ソウル・シンチョンに借りた「離れ」の外観

ソウル・サムソンギョにあった、元老人ホームの建物の外観

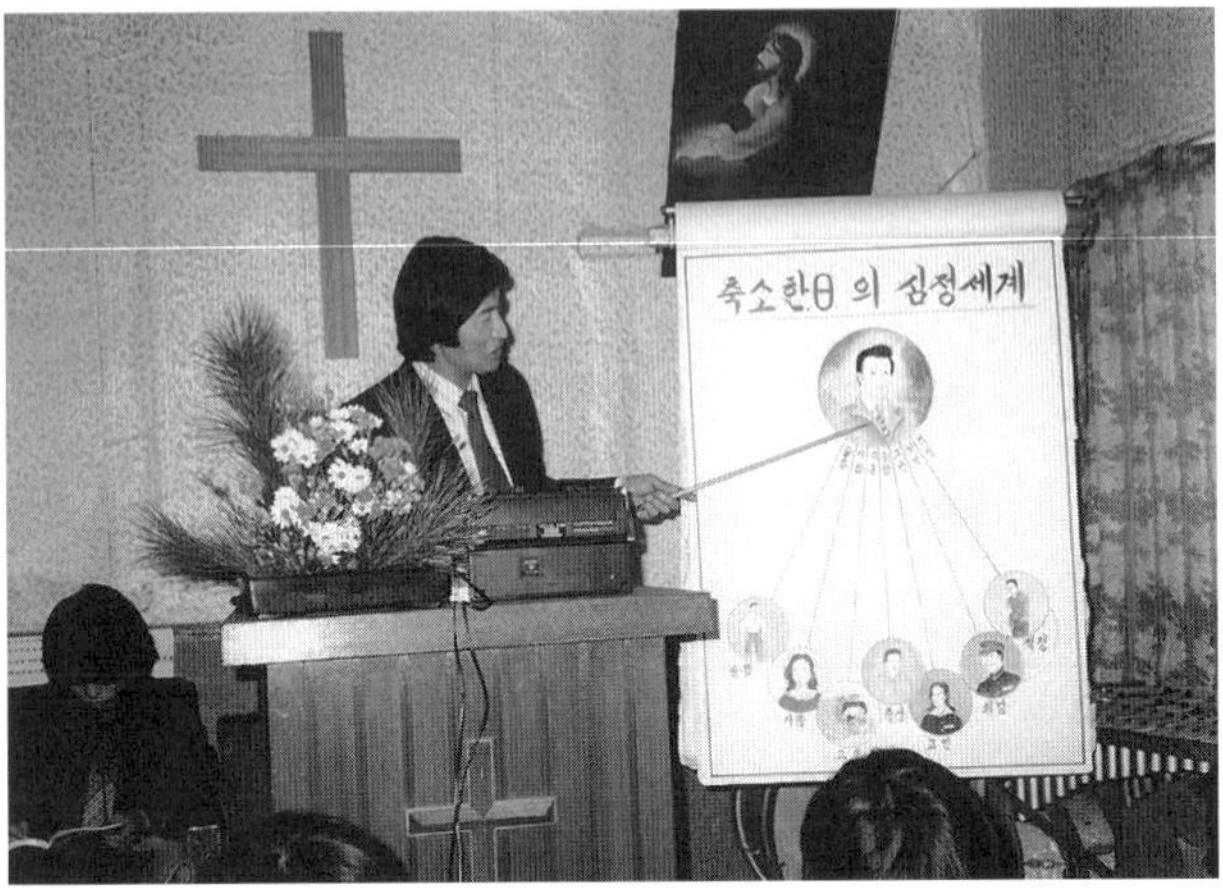

建物の中で講義する鄭氏と学ぶ人々
1981年　ソウル・サムソンギョ

鄭氏が金づちを持って教会の講壇を作っている
80年代前半　ソウル・ヨンドン

1986年　ソウル・クギドン

第九章　懸け橋として

鄭氏の伝える教えは、大学生など若い人たちを中心に支持されるようになり、八〇年代前半から後半にかけて、順調に教会の規模を拡大していった。

朝は漢江《ハンガン》の河川敷で説教を伝え、青年たちと一緒にジョギングやサッカーをした。その後も時間を共にできる人たちとは銭湯に行き、そこでも湯船につかりながら神様の話をする――。鄭氏はこんな日課を続けていた。また一人でも数十人でも、人数にかかわらず教えを伝え、なかなか教会に来られない人のためには、電話でも伝えた。さらに招請《しょうせい》されれば、大学や大規模集会でも講演した。韓国全域で鄭氏の教える聖書の講義が人から人へと伝えられ、地方にも教会ができていった。それに伴って、鄭氏も韓国全国を巡るようになる。

宣教以外の諸活動が行われるようになったのも、この時期だ。鄭氏は著作で「学問は学ぶものだが、真理は学ぶものではなく、悟るものだ。しかし悟ったとしても、すぐ自分のものになるのではない。実践して初めて自分のものになる。学ぶ人より悟る人が大きいし、悟る人より実践する人が大きい」と語っているが、こうした理念のもと、教会はボランティア活動、地域交流、各種支援活動、医療奉仕などに取り組み始めた。また個性や才能を伸ばし、平和な世界を実現していく目的で、芸術やスポーツの交流行事なども頻繁に催《もよお》すようになった。

八〇年代中盤からは、韓国以外の国への宣教の道が開かれ始めた。日本にも一九八五年から、宣教師により教えが伝えられ、一九九〇年には東京に小さな教会が構えられた。

日本の教会からの要請で、鄭氏は一九九一年夏、日本を初めて訪れている。鄭氏にとって初めての海外訪問でもあった。

この訪問での滞在中、日本の教会は鄭氏の移動手段として車を用意していたが、鄭氏は会員たちの乗るバスに一緒に乗った。車内では鄭氏への質問など、自由な雰囲気で対話が交わされた。

「先生はどうやって神様の真理を悟ったのですか？」、「お祈りに集中できない時はどうしたらいいですか？」、「世界はどうやってできたのか、宇宙の真理が知りたいです！」など、思い思いの質問が寄せられた。

通訳が質問のメモを読み上げるのを聞きながら、鄭氏は一つ一つに答え、「自分に関係あることから聞いた方が、聞きたいことが聞けるのではないかな」と笑った。ある日本人はそんな鄭氏を見て、「面倒見のいい小学校の先生か、優しいお父さんみたいだな」と感じたと話している。

日本滞在中、鄭氏が滞在したのは埼玉にある借家だった。到着翌日からは、グラウンドで日本の人たちと野球やバレーボールをしたり、歓迎会や講演会、教会訪問など、目まぐるしいスケジュールがびっしり詰められた。宿泊先に戻っても、仕事で日中には来られなかった社会人たちが来訪し、彼らを迎えて歓談《かんだん》や対話が続いた。日本に来る時間を捻出《ねんしゅつ》するために韓国でも忙しかったため、鄭氏の疲労は極に達していた。

そんな中、日本人会員の一人は、鄭氏と個人的に対話した時のことを、今でも鮮明に覚えていた。その会員が「先生（鄭氏）と一度、個人的に話してみたい」と宣教師に頼んで順番を待っていたところ、鄭氏の体調が悪くなり、宣教師から「今日はもう無理だと思う」と言われて、「どうして自分の番で終わりになるのか。不公平だし、頑張っている自分に時間を作ってくれないなんて」と失望し、抗議したという。

「ところが宣教師が戻ってくると、『先生が会うとおっしゃっているから、来て』と言って呼ばれました。部屋に入ってみると、腕に点滴のチューブを刺した先生が横になっていました。顔色は土気色《つちけいろ》で、見るからに具合が悪そうでした。会えないなんて不公平だと、わがままを言った自分が恥ずかしくなって、小声で挨拶をすると、先生は目を開けて起き上がろうとしましたが、自力では起き上がれず、人に支えられてやっと上体を起こしていました」

「早くしゃべって退室しよう」。そう思って早口で話したところ、鄭氏はその会員の頭に手を置いて祈ってくれようとしたのだが、腕が上がらず、そのまま後ろに倒れてしまったそうだ。人に体を支えられながら長い時間祈ってくれた鄭氏に対して「申し訳なくも思ったけれど、先生を通して神様の愛を感じた。祈ってくれたことが、知りたかったことの答えになりました」と話してくれた。

一九九九年からは、鄭氏は韓国を出て、それまでなかなか宣教が進んでいなかった国々を回り、活動を広げていった。欧州にはキリスト教国家が多いが、若い人たちの信仰離れは深刻であった。欧州各地を巡り、サッカー大会やパーティーを通じて現地の人たちと交流を持ち、機会があれば信仰について談義を交わした。

ドイツでは、貸し切りバスで渓谷を散策したり、古城を巡ったりするツアーが開催された。眺めの美しい場所に着くと、鄭氏は「こんな素晴らしい環境を創ってくださった神様に感謝しよう！」と参加者に呼びかけ、讃美歌を歌ったという。共に過ごした参加者の一人が、「神様はすごいですね！」と言うと、鄭氏が嬉しそうに微笑んで、次のように話したそうだ。

「そういう感謝の心が大切です。神様が最高に素晴らしく創ってくださった世界に住んでいながら、感謝しないのは、人として大切なことを忘れているのです。例えば誰かが広い公園を造って無料で使わせてくれたとしたら、楽しく遊んで、帰る時には必ずお礼を言うでしょう。神様が地球を創って人間が使うようにさせてくださったから、感謝して、キレイに使うのが良いことですよね」

その参加者は、「とても分かりやすいお話で、後で思い返してもしみじみします」と感嘆していた。

このように、鄭氏は足を運ぶ先々で、神様と人、国と国、人と人とを結ぶ懸け橋となった。

鄭氏と宣教会の歩みを、以下に年表として記しておく。

〈キリスト教福音宣教会及びその前身の沿革〉

一九七八年六月　　鄭明析牧師がソウルで宣教開始
一九八二年三月　　韓国大学生宣教会創立

一九八三年四月　地方宣教開始（全国各地域に順次支部設立）
一九八三年十二月　キリスト教大韓監理（メソジスト）会加入
一九九〇年九月　神学院設立、第一期生入学式
一九九一年　月明洞自然聖殿開発開始
一九九二年五月　韓国大学生宣教会創立十周年記念大会
一九九九年八月　国際文化芸術平和協会（ＧＡＣＰ）創立
一九九九年十月　キリスト教福音宣教会（ＣＧＭ）創立
二〇〇一年二月　ＣＧＭボランティア団体協議会発足
二〇一七年五月　ＣＧＭ実践神学開講

〈世界宣教の過程〉

一九八五年～　日本
一九八八年～　台湾、アメリカ
一九八九年～　香港、ドイツ

一九九〇年～　　フランス
一九九一年～　　オーストラリア、イギリス
以降、順次各国に広がり、現在は約六十カ国に会員を有している。

1989年　ソウル・ナクソンデにあった教会にて
このころにはソウルにも複数の教会ができ、
韓国の主要地域にも教会が設立された

1990年　ソウル・ポラメ公園にて撮影
朝の礼拝後、スポーツの前に皆で準備運動中

1993年　ソウル・漢江の河川敷にて　礼拝とスポーツ

運動後には鄭氏がおやつを配ってくれるのが日課だった

90年代前半　鄭氏の故郷にて

2002年　テジョン・ワールドカップスタジアムにて　国際平和サッカー大会

2017年　鄭氏故郷にて　夏季修養会の様子

第十章　困難と迫害

「光が強ければ影もまた濃い」。これはゲーテの戯曲《ぎきょく》、「ゲッツ・フォン・ベルリヒンゲン」にある台詞の一部だ。鄭氏による聖書の教えは、対外的な活動と共に、徐々に人々に受け入れられていき、一九九八年には、キリスト教福音宣教会の会員数は十万人を超えていた。一方で、宣教会への注目度も高まり、これを面白くなく思う者や、利用しようとする者たちも現れた。

最初に宣教会に対して否定的なイメージが持たれるようになったのは、ある女性に関する事件の報道によってであった。その事件が起こったのは一九九九年。

その日、宣教会の会員と一緒に車に乗って鄭氏の故郷に向かっていた女性が、走行中の車から突然降りて走り出した。一緒に車に乗っていた会員が驚いて、危ないので追いかけて車に連れ戻したのだが、その後彼女の友人が警察に通報し、彼女は

「拉致された」と供述した。

宣教会によると、女性はかつて宣教会の会員だった。当時は宣教会と距離を置いていたが、他の会員たちとの交友関係は続いており、彼女の父親が知人の保証人になっていたことによって家を失った時には、宣教会の会員たちが積極的に手助けしたという。事件当日、彼女の方から友人の一人であった宣教会の会員に電話があり、「会いたいから来てほしい」と言うので会いに行ったところ、「気晴らしも兼ねて鄭氏の故郷に行こう」という話になったため、一緒に車に乗って向かう途中であったという。なぜ彼女は突然、このような行動をとったのか。その理由は不明だが、女性が報道に対し、「鄭氏が一九九九年に地球は滅びるという教えを伝えている」と述べたことも、火に油を注いだ。ちなみに宣教会の教義に「一九九九年に地球は滅びる」という内容は、一切なかった。

こうした経緯もあって、鄭氏が一九九九年からヨーロッパなど海外へ出て活動し始めた時、韓国のマスコミ各社はそれを「国外逃亡」と表現した。折しもこのころ韓国では、宣教会を脱会した女性数人が、鄭氏を相手取って民事・刑事の告訴を提出しており、それを免れることが出国理由であるかのように表現された。実際は、鄭氏は二〇〇一年に韓国に帰国して取り調べを受け、晴れて「嫌疑《けんぎ》なし」と判断が下されたところで、出国していた。ところが、その後も騒ぎが静まらなかったことに加え、そのころ宣教のために世界各地を動き回っていた鄭氏の所在がなかなか掴めないことも災いして、韓国警察の要請によりICPO（国際刑事警察機構）が鄭氏を「国際指名手配」にして所在を捜し始めた。これによって韓国メディアは、ますます国外逃亡であるかのような報じ方をした。

ある時、鄭氏が海外の人たちと歓談しているところへ、複数の男がカメラを回して押し入ってきた。突然のことに怯《おび》える人たちを守ろうと、とっさに鄭氏がカメラを押しのけたシーンが、編集されて暴力的に見えるように映し出された。

「海外で女性に囲まれて暮らしている」などと言われた鄭氏だが、実際の生活は全く異なっていた。この時期鄭氏は、イエスの十字架による救いについて考察した「救いについて」をはじめ、多くの著作を執筆していた。また、早朝礼拝用の説教映像を撮影し、各国に毎日送るなど、多忙を極めていた。

ある時イタリアで宣教していた鄭氏を訪ねた日本人の一人は、鄭氏が滞在するミラノ郊外の借家に行った際、山と積まれた執筆中の原稿を見たという。高さにして一メートル以上あったため、「さすがに白紙もあるのではないかと思ってめくってみたが、すべて文字で埋めつくされているのを見て驚いた」と語っている。


二〇〇〇年には、突然一人の日本人女性が、なぜか韓国で、民事訴訟を提起した。この女性は一九九五年ごろ日本の宣教会で聖書の教えを学び、五年ほど籍を置いていたが、一九九七年に韓国のプサンで鄭氏からわいせつな行為を強要されたと主張。訴訟を起こしたのは二〇〇〇年に入ってからであったが、「洗脳が解けて今になった」と述べている。女性は初め、他の韓国人らと共に刑事事件として訴えようとしたところ受けつけられず、民事で訴訟を起こした結果、一部の主張が認められ、賠償金の支払いが命じられた。

この女性は当時、宣教会を目の敵にしている「エクソドス」という団体の幹部の韓国人男性と交際中であったが、裁判後に結婚している。彼女と交流の深かった人の話によると、「彼女は反対団体によって、親の了承のもと軟禁されたことがあり、その後から宣教会を悪く言いふらすようになった」という。彼女は民事訴訟後、「日本人被害者」として韓国でテレビ出演、日本でも記者会見を開いて、その主張は週刊誌に掲載された。なお、この民事訴訟は、鄭氏不在のまま行われたものだった。

また、宣教会に大学生をはじめとする若者が増えるにつれ、信者を奪われたとでも感じたのか、伝統的なキリスト教界からも宣教会を「異端だ」と言う声が強くなっていた。

日本での宣教会の活動にも、徐々に影響が出始めた。日本では、韓国の宗教と言えば、金銭トラブルなどで社会の注目を浴びた統一協会（現・世界平和統一家庭連合）のイメージが強く、宣教会も統一協会の亜流であるかのように報じられた。しかし、統一協会は原理講論を教えるが、宣教会は聖書をもとに教えており、教義は異なる。双方とも「互いに何の関係もない」と明言している。

こうした誤解に加え、オウム真理教が一九九五年に地下鉄サリン事件を起こしたことで、「新興宗教は怖い」という印象が日本人の心にすっかり刻みこまれていた。このような風潮では宣教を進めていくことが難しいと考えたある日本人会員が鄭氏に相談すると、次のような言葉が返ってきたという。

「聖書を正しく教えなさい。知らないから騙《だま》されて、非正常に走る。溺れてはいけない。水がいくら必要だとしても、水に入って出てこなければ死ぬ。信仰を持っても、溺れてはいけない。職場に通い、学校に通い、正常な日常生活を送って、その上でより高い理想を持ち、より良く生きるための信仰だ。正常な生活を崩すことは、神様が望むことではない。正常なことが一番だと教えなさい」

その会員によると、その言葉に従って進めていくうちに、日本でも信仰に対する誤解が解けて、受け入れる人が増えていったという。

第十一章　法廷闘争の行方

ソウル市瑞草《ソチョ》区にある、ソウル中央地方裁判所。日本の東京地裁にあたるこの法廷で、鄭氏に対する公判が、二〇〇八年三月から始まった。細かな経緯は後述するが、鄭氏は中国に滞在している時に身柄を拘束された後、嫌疑なしで解放されたが、その後韓国に移送され、改めて刑事裁判を受けることになった。

裁判長が公判の開会を告げ、検察官が裁判で争う鄭氏の嫌疑内容を読み上げた。内容は、鄭氏が中国などで複数の韓国人女性信者に対して性的被害を加えた、というものだ。

続いて裁判長は、鄭氏の弁護人に意見を求めた。

「鄭氏が読み上げられた嫌疑を行った事実は、ありません」

二〇〇九年四月まで及ぶ法廷闘争の幕が、こうして開けた。

裁判に至るまでの一連の経緯は、鄭氏が海外宣教を活発化させた一九九九年にまでさかのぼる。

宣教会に反対する前述のエクソドス（以下「反対団体」）が「多くの女性信者が鄭氏から性的被害を受けている」と主張し始め、韓国のあるテレビ局（S放送局）がこれを取り上げた。

反対団体の主張を鵜呑《うの》みにして報じたこのテレビ局は、後に宣教会から訴えられ、最終的に裁判所から損害賠償命令を受けることになるのだが（後述）、放送で取り上げられたことで勢いづいた反対団体は、続いて「外国を舞台とした性的被害があった」と主張し始める。二〇〇八年の刑事裁判の対象となったのは、まさに外国が「犯行現場」とされたケースだった。

一般に刑事裁判では、嫌疑の真偽《しんぎ》や、（それが事実ならば）悪質性などについて、法廷に提出された証拠に基づいて審理《しんり》される。被告人が嫌疑内容を認めている場合は、被告人の供述を軸《じく》に、それを裏づける証拠を捜査機関が集め、裁判所に提出する。特に、実行犯でなければ知り得ない情報（例えば凶器の隠し場所など）が被告人の供述から得られた場合、「秘密の暴露《ばくろ》」と呼ばれて重視される。一方、被告人が嫌疑内容を否認している場合は、法廷の場で、無罪を主張する被告人（またはその代理人、弁護士）と嫌疑内容を立証する検察官とがそれぞれ証拠を示して、裁判官に判断をゆだねることになる。鄭氏の裁判は、後者にあたる。

第二回公判以降、嫌疑内容の事実認定を巡る、検察側と弁護側のつばぜり合いは本格化した。

検察側は、犯罪事実の動かぬ証拠となる「物的証拠（物証）」を提出できなかった。嫌疑内容の現場がすべて国外のため、韓国警察が現場検証などの捜査を十分に行えなかったためだ*22。検察側は、現場にいた関係者の証言をはじめとする状況証

＊22　中国公安当局は現場検証を行っている。その結果「女性たちの供述内容は、実際の現場と合致しない」として、鄭氏による婦女暴行の容疑は認められないと判断した。

拠をもとに、有罪との心証《しんしょう》を裁判官に訴える展開となった。

検察側が証拠として示したのは、被害女性の証言と、日本の週刊誌二誌に掲載された記事内容だった。この時に証拠として採用された日本の週刊誌は「週刊ポスト」と「週刊文春」だが、書かれているのは、鄭氏が宗教団体の教祖という地位を乱用して信者の女子学生らに性的関係を迫ったという内容だった。

日本の裁判では、写真週刊誌に書かれた記事が証拠として採用されて、司法判断に影響を及ぼすようなことは、まずない。情報の出どころが不確かな証拠を排除し、厳格な手続きの下で集められた出どころの確かな証拠だけをもとに、事実を認定するからだ。ちなみに週刊誌二誌の情報元も反対団体で、記事中に登場する日本の元女子学生には、前述した反対団体幹部の配偶者となった女性が含まれていた。

日本の刑事司法制度を少しでも知っている人間の目には、すこぶる奇異に映るであろう「週刊誌記事の証拠採用」だが、後に二審の高裁で裁判長が週刊文春を、「文春という権威ある出版物」と表現しており、日本の週刊誌報道を、信憑性《しんぴょうせい》があるとみていたふしがある。

対する弁護側は、「いずれも事実無根」として反論を展開した。鄭氏は二〇〇七年五月、性的被害を受けたという二人の訴えにより中国で拘束されたが、中国当局から「嫌疑なし」とされ、刑事裁判を受けることなく、二〇〇八年二月二十日に韓国に送還されている。弁護側はこの点を指摘し、「中国公安が十カ月も追及しながら、嫌疑なしと判断されたことは、犯罪事実がないという何よりの証拠」と主張した。

また、中国公安当局が「事件性なし」と判断した根拠となった、暴行の形跡がないという診断書などの資料を病院から入手し、証拠採用を訴えた。そして証拠採用された日本の週刊誌二誌については、宣教会の活動に反対する団体の主張のみで記事が書かれていると指摘。「わいせつ写真やゴシップ記事が中心の写真週刊誌が証拠にはなりえない」と、証拠能力に疑問を呈《てい》し、強く反論した。

現場を検証した中国当局が鄭氏を取り調べながら「嫌疑なし」としている事実に

は、十分な説得力があり、公判が続く中、宣教会側は、裁判所であれば事実を正しく見て無罪判決を出すだろうという「淡い期待があった」と振り返る。

検察側が立証の柱に据《す》える被害女性の証言についても、ほころびが見えていた。中国・鞍山《あんざん》市で性的暴行を受けたと、韓国人女性二人が中国の公安当局に訴え出たのは、二〇〇六年四月三日。だが、その二日後に女性の一人を診断した鞍山市中央病院は、「性的暴行を受けた形跡なし」と診断した。当時女性の通訳を務めた公安担当者も、後に報道取材に対し「医師が異常なしと伝えていた」と証言している。

この女性は、その三日後の八日に韓国の警察病院を訪れ検査を要求、「処女膜に全く損傷がない」と診断されたが、さらに二日後の十日の検査では「処女膜に小さな傷がある」との診断を受けた。もっとも、担当医師は法廷で「自転車に乗っても発生しうる傷」と陳述している。患部の写真撮影などは行われていなかった。

それでも女性二人は十八日に記者会見を開き、報道陣に「当時は歩行が困難になるほど深い傷を負った」と訴えたのだが、鄭氏の弁護人が監視カメラの映像を確認したところ、事件当日暴行を受けたと主張している時刻のすぐ後に、笑顔の二人が普通に歩いている姿が映っていた。

そのうえ訴えた女性のうち一人は、裁判が続く中、母親と共に裁判所を訪れ、次のように話して刑事告訴を取り下げた。

「実際、私は性的暴行を受けておらず、もう一人の女性も、性的被害を受けたことはありません。ある告発者の指示で、嘘の提訴《ていそ》をして、今まで偽証《ぎしょう》してきました」

それでも宣教会側の懸念は尽きなかった。

理由の一つは、鄭氏に関してのスキャンダラスな報道がすでに数多くされており、裁判官の心証への影響が危惧《きぐ》されていたことだった。いずれも後に誤報であることが明らかになるが、公判当時は正当性を主張し続けるメディアもあり、視聴者にも報道のインパクトが強く残っていた。

もう一つの理由は、韓国で宣教会を異端視している伝統的キリスト教派の長老*23

*23　キリスト教教会での職階の一つ。

が、複数、裁判官の中に含まれていたことだった。韓国統計庁の二〇〇五年の調査によると、プロテスタントとカトリックを合わせた韓国内の伝統的なキリスト教派の信者数は、総人口の約三割に達している。国会議員にも牧師や長老が多くおり、代表格の重職者は大統領との会合も持つなど、政界や経済界、法曹界にまで多大な影響力がある。

懸念を裏づける兆候も出ていた。公判で弁護側は、中国の病院から入手した診断書を証拠として採用するよう要求したのだが、「入手ルートが正規の外交手続きを踏んでいない」と検察側が主張し、裁判所が証拠採用を認めなかったのだ。

果たして、宣教会の不安は現実のものとなる。二〇〇九年二月、約一年に及んだ裁判を事実上終結させる高裁判決が下された。

「被告人は前へ」

促《うなが》されて証言台に立った鄭氏に、裁判長の乾いた声が投げつけられた。

「主文、被告人を懲役十年に処する」

裁判長は続けて、判決理由を読み上げた。

「嫌疑内容に対する物的証拠はない」、「一方で、被害女性の証言や、日本の週刊誌報道には信憑性がある」、「鄭氏は宗教指導者であり、信者である被害女性に対して優位的な地位にある」、「以上の理由から、鄭氏の女性暴行について事実があったと認定する」。物証が乏《とぼ》しい中、裁判官は検察側の証拠や被害者の証言に、より信憑性があると結論づけたのだった。

裁判長は、「証拠があるとかないとかということが問題ではない。被告人が異端の指導者であり、女性は要求に逆らいづらかったのではないかということだ」と述べた。

「一般のサラリーマンであれば無罪だが」。筆者は、裁判長がそう言ったのを記憶している。

判決理由にじっと耳を傾けていた鄭氏は、裁判長から「最後に何か言いたいことはあるか」と問われると、次のように答えて一礼した。

「裁判長、何はともあれ、女性たちの主張を聞き届けてくださって、ありがとうございます。子供のころ妹とケンカした時、妹が悪いのに、母親は妹の肩を持ちました。私は疎外感を覚えましたが、たとえ妹が間違っていたとしても、誰かが味方になって守ってあげなければならないという、その親心を、今は理解できます。この判決は、私にとっては不本意ですが、裁判長が母親のような立場で女性たちをかばったのだと思うので、それに対しては感謝を述べたいと思います」

同年四月、日本の最高裁にあたる大法院はこの二審判決を、「裁判官の心証に従って判断を下した」として支持し、宣教会側の上告を退けた。鄭氏の懲役十年の刑が確定した。

日本では、全国紙でも、朝日新聞が「懲役十年確定」というミニニュースを社会面の片隅に掲載した程度だった。証拠採用された週刊誌二誌には、掲載もされなかった。

こうして、鄭氏の約十年に及ぶ獄中生活が始まった。

◇　◇　◇

判決確定から三年が経過した二〇一二年春ごろ、裁判について改めて検証しようとの機運が韓国メディアを中心に起こり始めた。収監されて以降も、二〇一二年に脱退者が十数件もの告訴・告発を行うなど、反対団体による強引な告訴は続いていたが、検察が順次「嫌疑なし」との結論を出していくにつれて、裁判についても信憑性を疑うメディアが出てくるようになった。

「これは、証拠採取主義による正当な司法判断ではない」。韓国の経済雑誌ニュースメーカーがそう口火を切ると、「事実と異なる一方的な裁判」（ニュースエンジョイ）、「裁判官の自由心証で下された判決」（政経ニュース）などの意見が相次いで出された。

司法関係者からも「法律はすべての事件に適用されるものなのに、本件についてのみ当てはまらない」（韓国高等裁判所主席裁判官）との意見が寄せられた。ある韓国の司法官は、鄭氏を巡る一連の裁判の経緯について意見を求められると、「韓国司法の恥だ」とまで言った。

こうしたマスコミの姿勢は公判当時の報道とは正反対で、なぜ当時は裏づけ不十分な報道がまかりとおったのか疑問が残るが、特ダネをはじめとするニュースの速報性、独自性を重視する、報道機関の「企業体質」も遠因《えんいん》とされる。

発端となったのは、先に言及したS放送局（以下S局）が一九九九年、反対団体の主張に沿った番組を制作したことだった。二〇〇五年、裁判所はS局に対し「その反対団体の情報を報道しないよう」勧告、二〇一〇年には、最高裁にあたる大法院がS局に「根拠のない報道により宣教会の名誉を傷つけた」として、宣教会へ九千万ウォンの賠償金を支払うように命じた。しかし一九九九年当時には、まだこうした裁判所の判決が出ていなかったため、報道各社はS局の報道をきっかけに、視聴者や読者の注目を引きやすい女性の性的被害事件という疑惑について、先を争って報道しようとした。このような過程で、裏づけなしの報道が横行していったようだ。ＴＶ朝鮮が、二〇一四年に放映した番組についての謝罪文で、「あくまで不備な事実確認により、マスコミ他社の間違った報道を引用したために発生した、制作陣のミス」であったと述べているが、この表現から、各メディアが事実確認をせずに「他を引用して」報道することによって、誤報が量産されていった様相が見てとれる。反対団体による根拠のない情報提供が活発に行われたことが、こうしたマスコミ需要を下支えする格好となった。マスコミ側にも、被害を訴える女性を前に「かわいそうな女性たちを救わねば」という空気が醸成《じょうせい》されていた。政経ニュースは一連の状況について、「被害者を保護するとの名目でしたことが、かえって大勢の被害者（宣教会と会員）を生み出した、皮肉な状況だ」と分析している。

◇　◇　◇

十年の判決が言い渡された後、鄭氏は次のように祈った。

「私を敵視し憎む人たちが、飢えることがあったら食べさせ、着るものがなかったら着させ、寝る所がなかったら休む場所を与えてください。私はどんな害を受けても忍耐し、神様の仕事をいたします」

鄭氏の身が十年も囚《とら》われの境遇になると聞いた時、宣教会の会員たちは悲しみに暮れた。この時、鄭氏が獄中で積み重ねていく新たな挑戦について、予想した者は一人もいなかった。

【資料①　朝鮮日報　2003年2月13日】

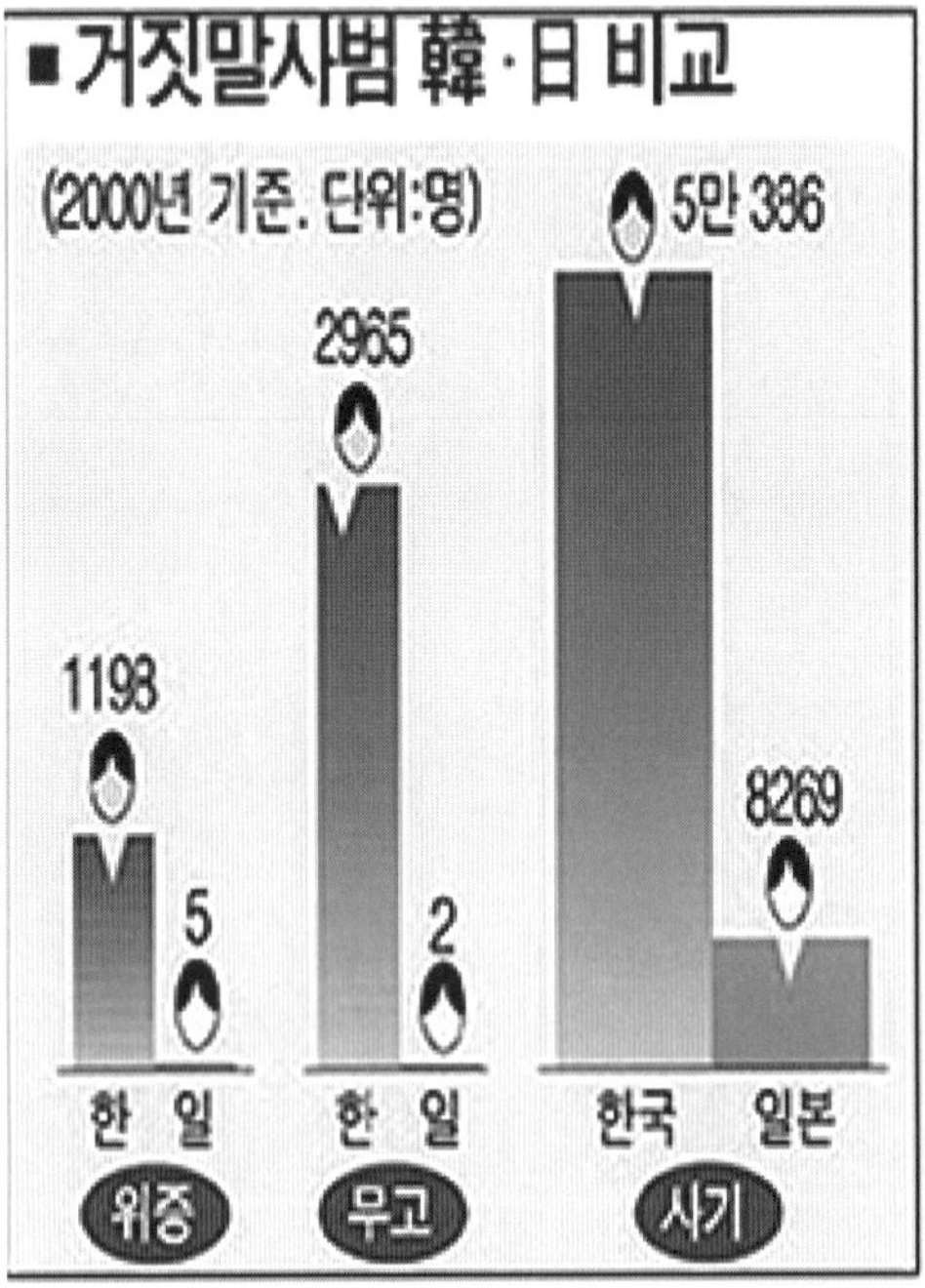

■嘘事犯　韓・日比較
（2000年基準　単位：人）
〈偽　証〉 韓国1198　日本5
〈えん罪〉 韓国2965　日本2
〈詐　欺〉 韓国5万386　日本8269

【資料②　政経ニュース　2012年12月号】

월간 정경NEWS 2012 12

특집 이슈 '성역 없는 수사' 절반의 성공

정경미디어그룹

21C 국민 시대정신 일깨우는 정치·경제 전문 시사 월간지

ABC 부수공사기구 한국ABC 가입

문화체육관광부 우수잡지상
우수콘텐츠잡지상 수상

ISSN 1599-0842

정경NEWS

2012
12
통권153호

THE MONTHLY POLITIC & ECONOMIC NEWS

정경미디어그룹

무역의날 특집 무역 1조 달러 달성, 부(富)는 누구에게?… 재벌 개혁으로 내실 다져야

— COVER STORY - 대선 특별기획 —

박근혜 vs 문재인 '박빙의 승부'
安 사퇴 후 판세여론조사 당선가능성
단일화 양자대결은 차이 4~5% 앞서

풍수로 본 대선
풍수지리학으로 본 대선후보들의 당선 운
朴 선영 대를 이은 '대명당', 文 생가 터의 기운 '왕성'

중국정권새바람
13억 중국인민을 책임질 새 지도자 '시진핑(習近平)'
경제 개혁, 韓·中관계 '밝음', 민족주의·부패척결 해결해야

장수마을 찾아서
건강한 100살! 더 이상 꿈이 아닙니다!

나눔봉사
소외 이웃에게 '사랑'을 배달합니다
"모두가 힘든 때 이웃들에게 따뜻한 자비를"

연재소설 - 한만수 '그림자게임' 연재스토리 - 김전한 '스토리텔링의 시대'

화제의 불교법회
60만 신도와 낙성대법회 열어
국가 태평성대 기원
법연사 회주 조연 큰 스님

여성 대통령 이슈
박근혜 '최초 여성 대통령' 도전
'퍼스트레이디 대리'에서 대통령으로 청와대 주인 되나

JMS 사건전말
JMS 정명석 총재 사건 모두 무혐의로 종결
지성이면 감천, 진실은 반드시 밝혀지는 것

발효현미개발
세계최초 발효현미특허기술로 국민건강식품에 기여
발효현미 전문기업 세부식품 장화덕 사장

KBS 지상중계
천만 탈모 시대, 당신의 머리를 지킬 특강!

108산사 순례 6주년 기념
도선사 주지 '선묵혜자 스님과 마음으로 찾아가는 108산사 순례 기도회' 창립 6주년 기념식 대성황

2012 (사)한국언론인 연합회 선정
제12회 자랑스런 한국인대상
영예의 수상자 공적 소개

JMS鄭明析総裁事件　すべて嫌疑なしで終結

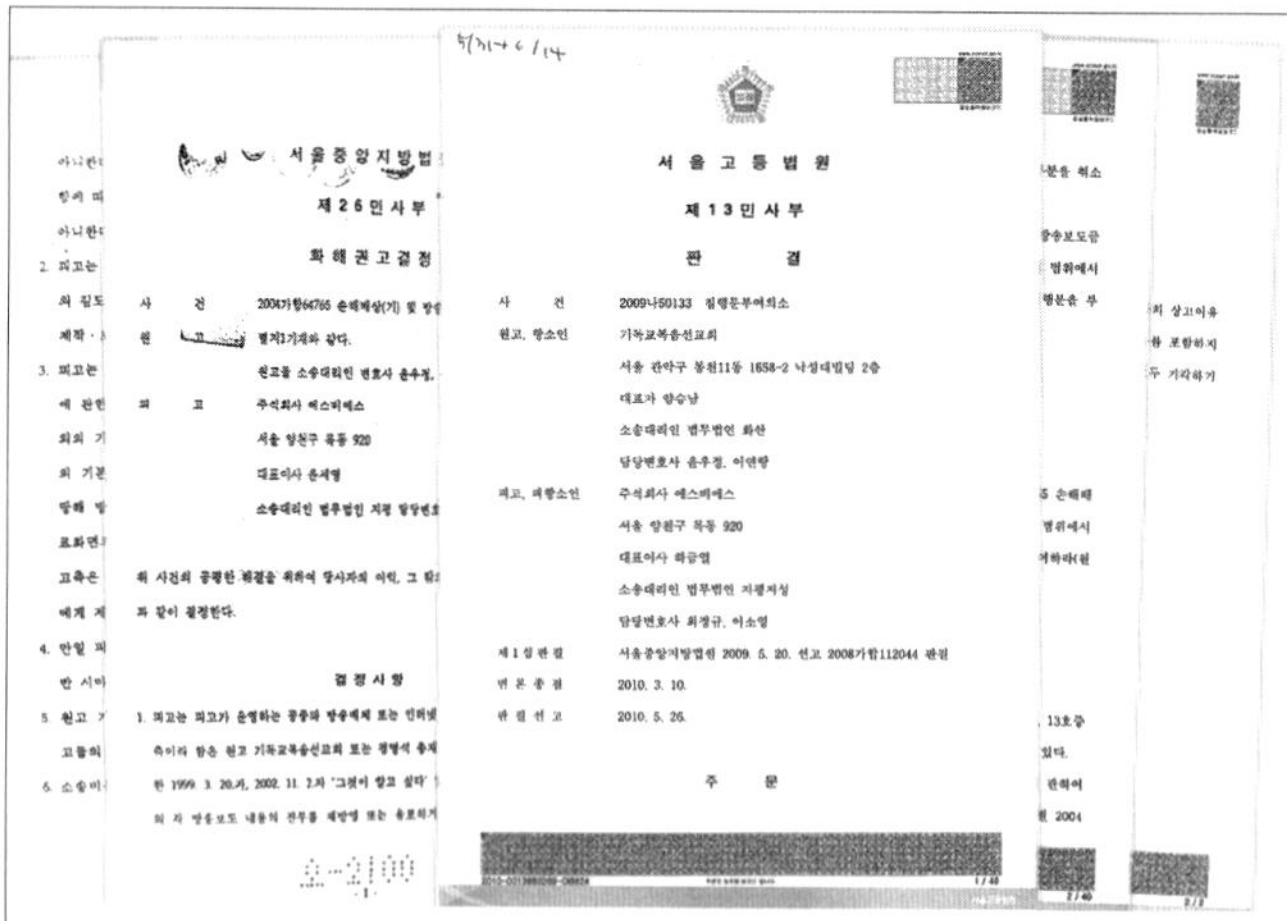

JMS사건을 사회문제로 부각시킨 방송보도는 법원의 화해권고결정(2005년 8월 2일)과 손해배상판결(2010년 5월 26일)을 받았다.

JMS事件を社会問題として取り上げた放送報道は、裁判所の
和解勧告決定（2005年8月2日）と損害賠償判決（2010年5月26日）を受けた

【資料③　政経ニュース　2017年9月号】

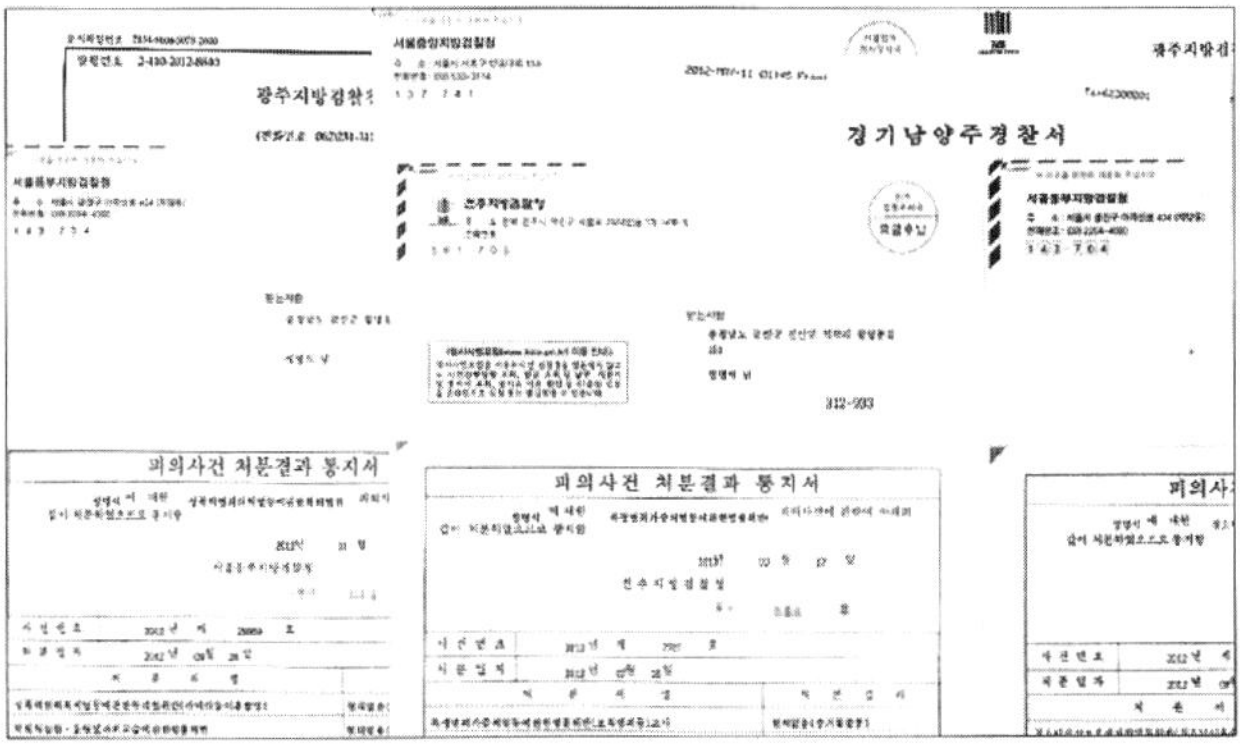

2012년 정 총재 관련 10여 건의 수사를 모두 무혐의로 종결한 결정 통보서

2012年の鄭氏関連の十数件の捜査が、すべて嫌疑なしで終結した決定通知書

사진은 언론들이 진실을 밝힌 자료. 2012년 이후 여성조선, MBN, YTN, TV조선, 코리아타임즈 외 다수 언론사로부터 받은 사과와 정정보도문 및 KBS, OBS 등의 무혐의처분 보도.

KBS NEWS「検察『JMS未成年者性犯罪疑惑』嫌疑なし」
OBS NEWS「『JMS未成年者性犯罪疑惑』嫌疑なし」
MBNニュース「キリスト教福音宣教会 鄭明析総裁と会員の方々の名誉を毀《き》損《そん》したことを謝罪します」
YTN「鄭明析総裁関連の報道について、訂正報道」
イリョ新聞「嫌疑なし処分が確認されたため、訂正します。キリスト教福音宣教会の鄭明析総裁および会員の方々、読者の皆様に謝罪いたします」

写真はマスコミ各社が行った訂正報道。2012年以降、女性朝鮮、MBN、YTN、TV朝鮮、コリアタイムズ他、多数のメディアが謝罪と訂正報道を掲載し、KBS、OBSなどは「嫌疑なし」と報じた

第十二章　希望の光

塀の中、鄭氏は一坪にも満たない閉鎖された空間で、夏は四十度を超える酷暑、冬は零下に下がる極寒に耐えなければならなかった。

自由は制限され、偏見の目で見られ、様々な罪を犯して収監された荒くれたちに囲まれて生活する。そんな状況に置かれていても、鄭氏は悲嘆《ひたん》に暮れることはしなかった。礼拝説教を書いて送ったり、手紙のやりとりをしたり、本の執筆をすることもできたからだ。

かつて鄭氏が中国で公安当局に十カ月間拘束された時には、言葉も通じない中、何が起きているのか、生きて帰れるのかさえ分からなかった。祈りを続ける中で神様の言葉や悟りが次々と頭に浮かんできたが、そこでは紙一枚、ペン一本すら手に入れることは不可能だった。

「紙とペンさえあれば書きとめられるのに、もったいない！」。そう思った時、「脳に記憶しなさい」という声が感動で伝わってきた。それに従って、「いつか書ける時が来たら書こう」と思いながら、記憶に留めようと必死に覚えた。その時を思い返せば、今置かれている現実がどれほど劣悪だとしても、紙とペンがあって思いきり書くことができるというだけで、心の底から感謝できた。

神様の言葉を記録して人に伝えることを、鄭氏がどれほど大切に思っているか、よく表しているエピソードがある。

裁判が進む中、弁護人との面会の日、鄭氏は裁判の話はそっちのけで、「これは昨日書いたばかりの礼拝説教ですが、読んでみませんか？」と、満面の笑みで見せてきたという。弁護人は「普通は皆、『弁護士さん、何とか助けてください』と必死ですがってくるものなのに、驚きました」と語っている。

収監中に会員たちへ送った手紙には、こう書かれていた。「私は、監獄も天国のように思って暮らしている」。だが鄭氏がこうした境地に至るまでには、紆余曲折があった。

十年の判決を言い渡され、いざコンクリートに四方を囲まれた一畳ほどの空間に閉じ込められると、気持ちが押しつぶされそうだったという。思わず鄭氏の口をついて、「神様、私を愛していますか?」という言葉が出たそうだ。すると胸が詰まり、涙が頬《ほお》を伝った。言った瞬間、神様が自分をどれほど愛しているのかが、苦しいほど感じられたからだ。一瞬でもその愛を疑ったことが情けなく、申し訳なくて、とめどなく涙があふれたという。

「幸せとは何か。永遠な幸せでなければ、幸せと言えない。永遠な幸せとは、神様を愛し、神様に愛される喜びだ」。鄭氏はこの時の思いを「私は幸せだ」という詩につづり、曲を作って歌にした。

鄭氏はそこで過ごすほとんどの時間を、祈りや執筆活動に費やした。一坪もない部屋から、多くの著作が生まれた。二〇〇八年に収監されて以降、韓国でベストセラーを記録した詩集「詩の女人」をはじめ、箴言集、説教集など六十三冊の本を出版した。執筆を終えて出版待ちの本まで合わせると、その数は八十四冊に及ぶ。詩人としての活動が認められ、二〇一一年に発刊された「韓国詩大事典」には、韓国詩史百年を代表する詩人として、鄭氏の名前と共に十編の詩が収録されている。

収監中、鄭氏の母親は寝たきりの状態であったが、生きて息子にひと目会うことに望みをかけて、待っていた。鄭氏も、母親が息をしているだけでもいいから生きていてほしいと願い、再会を望んでいたが、二〇一五年二月、とうとう会えぬまま別れを迎えた。最期の時、刑務所の配慮により、鄭氏は母親に電話で語りかけることができた。「お母さん、天国で会いましょう。さようなら」。母親にかけた、最後の言葉だった。

ついに十年の時が過ぎた。

その日、鄭氏を乗せた車は、彼の故郷に向かっていた。テジョン刑務所からさほど遠くなく、車で一時間ほどの距離だ。故郷では家族も待っていた。

十七年ぶりに訪れた故郷は静かだった。故郷のタルバッコルは開発され、今は「月明洞（ウォルミョンドン）」と呼ばれている。宣教会の会員たちが殺到して混乱に陥ることを避けるため、その日は立入禁止になっていた。

月明洞は高所にあるので、車が坂道を登っていく。途中「御子愛の家」の前で、鄭氏は車を降りた。「御子愛の家」は、鄭氏が塀の中にいる間に建てられた三階建ての建物だ。

月明洞には数千人が座れる芝生の「自然聖殿」があるが、以前は日差しや雨を避けて大勢が入れる建物がなかった。しかし二〇一三年に「御子愛の家」が建てられてからは、千人規模の礼拝を室内で執り行ったり、訪問者が食堂で食事をしたりできるようになった。写真ではもっと大きな建物に見えたが、実際見てみると思ったより小さいと感じたという。

礼拝堂で祈りを捧げると、鄭氏は母親の墓へ足を向けた。夕刻だった。母としばし無言の対話を交わした後、振り返ると、坂の下の駐車場で赤いライトが点滅しているのが見えた。会員たちが車に乗って鄭氏に会いに来たのだ。「十年という長い歳月、私を待ってくれていた人たちだ。会わなければ」。鄭氏は彼らを呼んだ。

待っていた人たちの中には、鄭氏が塀の中にいる間に教会に通い始めて、初めて会う人も少なくなかった。判決後に宣教会を出ていく人たちもいた一方で、逆境に屈せず歩みを止めない鄭氏の姿に感銘を受ける人もおり、ある層の期待とは裏腹に、宣教会の会員数は十年の間も確実に増えていた。刑務所内でも、初めは鄭氏のことを異端の教祖、犯罪者として扱っていた看守たちが、日々の鄭氏の生活を見ながら、数年かけて鄭氏への態度を軟化させていったという。「信仰は理論ではなく生活だ」とは鄭氏が日ごろ口にしている言葉であるが、監獄という特殊な状況にあって、生活を間近で長年見ていた彼らには、言葉よりも雄弁に語る何かが感じられたのかもしれない。

「苦労するとしても、命の道*24を行かねばならない」

それが鄭氏の座右《ざゆう》の銘《めい》になった。一見すると苦難の連続にしか見えない鄭氏の人生だが、正しいと思う道を進み、人を生かす道を選んできたから、まさに甲斐ある

*24　善の道、死ではなく生きる道、また人を生かす道。

人生だ。「骨身にしみる苦難の中でも、希望は成される」と鄭氏が書いた詩のとおり、大勢の人が鄭氏を通して神様への信仰を持ち、キリストの平和と友愛の精神を受け継いだのだから、確実に希望は成されている。

苦難の時は終わった。鄭氏の希望の歩みは止まることなく続いていくことだろう。

「幸せは行く」

鄭明析

吹雪《ふぶき》吹く
人生の冬にも
幸せは行く

患難《かんなん》苦痛
骨身にしみる生《せい》の中でも
私の希望は
成される

あのいばらの道に

幸せは行く

幸せは
誰にでも行くことはするまいと
吹雪と同行し
もがく苦痛の道に行く

希望も
誰とでも暮らすことはするまいと
耐え忍ぶ人の所に
訪ねていく

—中国で—

あとがきに代えて

最後までお読みいただき、ありがとうございました。

本書を作成するにあたっては、できるだけ関係者への取材を行い、鄭明析牧師の手記や礼拝説教の記録などから、鄭牧師の人生を追いました。あわせて、鄭牧師の裁判経過を振り返り、一部報道などで取り沙汰されている司法判断についても、疑義を検証いたしました。

鄭牧師の裁判のことを知らない人も多いのに、あえて良くないイメージを植えかねない内容に触れて、書く必要があるのかと悩みましたが、それを乗り越えていく過程もまた、鄭牧師の人生の一部だと考え、ありのままに書きました。その逆境に負けない姿に、力や希望を感じてくださる方もいるかもしれない……僭越《せんえつ》ながら、そのような思いで、書かせていただきました。

本書をお読みになって疑問に思われた点や、詳細に知りたいことなどがございましたら、ご意見をお寄せいただければ幸いです。いただいた貴重なご意見を参考に、更なる情報発信に努めてまいりたいと思います。

末筆ではありますが、皆様のご健勝とご多幸をお祈り申しあげます。

秋本彩乃

年表

	韓国社会情勢	鄭明析氏略歴
一九〇四	第一次日韓協約締結	李氏朝鮮第二十六代国王・高宗の側近だった鄭氏の祖父が乙未事変《いつびじへん》(閔妃《びんひ》暗殺)を契機に失望、都を離れ、後に鄭氏の生まれ故郷となる忠清南道の山奥へ移転
一九〇五	第二次日韓協約締結 韓国統監府設置、事実上日本の保護国に 韓国併合	
一九一〇	朝鮮総督府設置、日本の統治開始	
一九四一	太平洋戦争勃発	
一九四五	終戦 日本統治から解放	錦山郡珍山面石幕里にて出生
一九四八	大韓民国政府樹立 李承晩《イスンマン》 初代大統領就任	
一九五〇	朝鮮戦争勃発・北朝鮮軍南進、米軍中心の国連軍と中国共産党義勇軍も参戦	朝鮮戦争中、家の目の前で爆弾爆発

一九五三	休戦協定調印	キリスト教教会に通い始める
一九五四		山での祈りを始める
一九五八		国民学校（小学校）卒業、農業の傍ら修道生活に励む
一九六一	朴正煕《パクチョンヒ》 実権掌握	
一九六三	朴正煕 大統領就任、長期軍事独裁体制突入	
一九六四〜七三	韓国軍 ベトナム戦争派兵	
一九六六〜六九		二回にわたるベトナム派遣 帰国後、大芚山《テドゥン》にこもり祈祷
一九七八		ソウルへ上京、布教開始
一九七九	朴正煕暗殺、長期独裁体制終了 崔圭夏《チェギュハ》 大統領就任 全斗煥《チョンドゥファン》、盧泰愚《ノテウ》ら新軍部勢力出現	
一九八〇	光州事件 民主化運動を武力弾圧した全斗煥、大統領就任	

	韓国社会情勢	鄭明析氏略歴
一九八二	（七〇～八〇年代、軍事政権に反対する民主化運動が活発化、軍の民衆弾圧も激化。キリスト教信者激増、民主化運動の原動力に）	韓国大学生宣教会創立
一九八三		ウェスレー（メソジスト派）神学校　卒業
一九八四		「比喩論」出版 韓国各地方に教会設立、海外宣教開始
一九八八	ソウルオリンピック 開催	
一九八九		詩集「霊感の詩」第一巻出版
一九九〇		「天のことば　私のことば」第一巻出版
一九九一	韓国と北朝鮮、国連同時加盟	初の海外訪問 日本、台湾、アメリカの教会を訪問、海外宣教本格化
一九九三	金泳三《キムヨンサム》 大統領就任 初の文民政府樹立	
一九九四	北朝鮮核危機（「ソウルを火の海に」発言で戦争危機） 北朝鮮 金日成国家主席死去 北朝鮮との戦争を水際で回避	核危機を受け「救国のための祈祷大会」開催

一九九五	光州事件などに関し、全斗煥、盧泰愚 両元大統領逮捕、裁判	月刊「文芸思潮」登壇
一九九六		詩集「霊感の詩」第二巻出版
一九九七	アジア通貨危機	
一九九八	金大中《キムデジュン》 大統領就任 太陽政策により北朝鮮と融和	
一九九九	第一延坪《ヨンピョン》海戦 延坪島付近で北朝鮮と韓国艦艇の銃撃戦発生	海外宣教のため韓国出国、宣教と国際文化交流活動を推進
		韓国マスコミによる偏向報道開始
		キリスト教福音宣教会(CGM)創立
		国際文化芸術平和協会(GACP)創立
		宣教活動のほか、サッカーなどスポーツや各種芸術の文化活動が本格化
二〇〇〇	初の南北首脳会談 開催	
二〇〇一		一時帰国 検察任意事情聴取、嫌疑なし、再出国
二〇〇二	サッカーワールドカップ 日韓共同開催	GACP 国際サッカー大会 大田《テジョン》ワールドカップスタジアムにて開催
	第二延坪海戦	

	韓国社会情勢	鄭明析氏略歴
二〇〇四		「天のことば　私のことば」第二～四巻出版
二〇〇五	北朝鮮、核兵器保有を宣言	「救い論」「天のことば　私のことば」第五～六巻出版
二〇〇六	北朝鮮、最初の核実験	女性二人が中国公安に暴行の訴え
二〇〇七		中国公安が十カ月間、鄭氏の身柄を拘束し厳しく尋問
二〇〇八	李明博《イミョンバク》大統領就任 北朝鮮への融和政策終了	中国公安 事件性なしで解放、韓国送還
		ソウル地裁で公判開始
二〇〇九	北朝鮮、六カ国協議から脱退、核査察官を国外追放	懲役十年判決、収監
二〇一〇	天安《チョナン》沈没事件　韓国哨戒艦「天安」が北朝鮮の魚雷攻撃で沈没、四十六人死亡 延坪島砲撃事件、民間人を含む死者四名、負傷者十六名、軍事的緊張高まる	
二〇一一		絵画作品「運命」、アルゼンチンのアートフェアにて代表作品に 韓国を代表する詩人の一人として「韓国詩大事典」に掲載

二〇一二		裁判について再検証すべきとの動きが韓国メディアに起こり、相次ぐ謝罪と訂正報道
二〇一三	朴槿恵《パククネ》 大統領就任	詩集「詩の女人」「詩で語る」出版、韓国でベストセラーに
二〇一六	北朝鮮、五度目の核実験 韓国はこれに対抗、在韓米軍に高高度防衛ミサイル（ＴＨＡＡＤ）配備を米国と合意	
二〇一七	朴槿恵 弾劾、文在寅《ムンジェイン》 大統領就任	
二〇一八	平昌《ピョンチャン》冬季オリンピック開催 軍事的緊張が高まる中、北朝鮮選手が劇的参加 第三回南北首脳会談、北朝鮮最高指導者が初めて軍事国境線を越え、韓国の地を踏む 差し迫った核の脅威、突然の雪解けムードに	刑期満了、出所 ベトナム戦争叙事詩「愛と平和だ」全四巻出版 箴言集や説教集なども出版、収監中に六十三冊の本を出版
二〇一八～二〇一九年三月現在		韓国にて宣教や、スポーツと芸術文化活動に励む 約六百の曲を作詞作曲 インターネット放送局設立

参考文献目録

写真が語るベトナム戦争　スチュアート・マレー著
わかりやすいベトナム戦争　三野正洋著
韓国はなぜキリスト教国になったか　鈴木崇巨著
朝鮮の歴史 新版　朝鮮史研究会編
新・韓国現代史　文京洙著
ニュースメーカー誌　二〇一二年四月号
政経ニュース誌　二〇一二年十二月号
政経ニュース誌　二〇一七年九月号
私だけが歩んできた道（宣教会月刊誌「チョウンソリ」の連載記事）　鄭明析著
戦争は残忍だった　愛と平和だ　全四巻　鄭明析著

協力

キリスト教福音宣教会（Christian Gospel Mission, CGM）
住所：〒一〇二－〇〇七二　東京都千代田区飯田橋四－七－六－六階
電話：〇三－五二一二－九九九〇
FAX：〇三－六二七二－五四二三
公式サイト：http://www.j-cgm.net

命の道を行く　鄭明析氏の歩んだ道

2019年7月26日　第1刷発行

著　者　秋本彩乃《あきもとあやの》

発行者　太田宏司郎
発行所　株式会社パレード
大阪本社　〒530-0043　大阪府大阪市北区天満2-7-12
TEL 06-6351-0740　FAX 06-6356-8129
東京支社　〒151-0051　東京都渋谷区千駄ヶ谷2-10-7
TEL 03-5413-3285　FAX 03-5413-3286
https://books.parade.co.jp
発売所　株式会社星雲社
〒112-0005　東京都文京区水道1-3-30
TEL 03-3868-3275　FAX 03-3868-6588
装　幀　藤山めぐみ（PARADE Inc.）
印刷所　創栄図書印刷株式会社

ISBN 978-4-434-26294-4　C0095